U0755363

芷兰斋作品系列

韦　力　笺释

著砚楼清人书札题记笺释

中华书局

图书在版编目（CIP）数据

著砚楼清人书札题记笺释/韦力笺释. —北京：中华书局，
2019.8
（芷兰斋作品系列）
ISBN 978-7-101-13943-3

Ⅰ.著… Ⅱ.韦… Ⅲ.①文化-名人-书信集-中国-清代②
汉字-法书-作品集-中国-清代 Ⅳ.①K825.4②J292.26

中国版本图书馆 CIP 数据核字（2019）第 128053 号

书　　名	著砚楼清人书札题记笺释
笺 释 者	韦　力
丛 书 名	芷兰斋作品系列
责任编辑	李碧玉
装帧设计	刘　丽
出版发行	中华书局
	（北京市丰台区太平桥西里 38 号　100073）
	http://www.zhbc.com.cn
	E-mail:zhbc@zhbc.com.cn
印　　刷	北京图文天地制版印刷有限公司
版　　次	2019 年 8 月北京第 1 版
	2019 年 8 月北京第 1 次印刷
规　　格	开本/920×1250 毫米　1/32
	印张 9¾　字数 200 千字
印　　数	1-5000 册
国际书号	ISBN 978-7-101-13943-3
定　　价	68.00 元

目　录

代序　潘景郑赠郑逸梅清代文人书札兼题记稿本一册

　　江苏吴县潘家素有"富潘"与"贵潘"之分，其中位于钮家巷之"贵潘"乃文献世家，喜爱收藏者代不乏人，自清中期潘奕隽开始，直至现代潘景郑先生，每一代皆有许多与藏书相关的人物与故事。

　　潘家藏书始于乾隆时期潘奕隽，其字守愚，号榕皋，乾隆三十四年（1769）进士，为潘家金榜题名之始，其三松堂所藏多精钞名校，虽然宋本无多，但因潘奕隽与黄丕烈相交至契，故三松堂内带有黄丕烈跋语者逾百部之多。潘奕隽仅有一子潘世璜，其字黼堂，号理斋，藏书处有须静斋，潘奕隽出游访书均由其陪伴在侧，经眼良多，曾著有《须静斋云烟过眼录》。潘世璜育有两子，分别为潘遵祁、潘希甫。潘遵祁字觉夫、顺之，号西圃，藏书处有香雪草堂，其子潘睦先字季孺，号少圃，藏书处为养闲草堂，收得三松堂旧物甚多；潘希甫字保生，号补之，其子潘介繁、潘介祉亦有藏书之好，潘介繁藏书处为崦西草堂，又与弟潘介祉共用桐西书屋室名，潘介祉另有藏书处曰渊古楼。潘介繁之子潘志万绪其家风，收藏碑版颇富，还曾为叔祖潘祖荫写刻过《藏书纪要》。

潘祖荫为潘氏一门中收藏名气最盛者，出自潘奕隽幼弟潘奕基一脉。潘奕基次子潘世恩字槐堂，号芝轩，为乾隆五十八年（1793）状元，位极人臣，冯桂芬曾称其"国朝以来生加太傅者五人、重宴琼林者八人、廷试第一官大学士者八人，惟公兼之，至历事四朝，则昭代一人而已"。潘世恩有五子，除次子曾献夭折外，余四子皆喜收藏，分别为曾沂、曾莹、曾绶、曾玮，四子中又以潘曾莹小鸥波馆最为著名，及至再下一代，复有潘祖同竹山堂、潘祖荫滂喜斋以及潘祖年、潘祖颐等克绍箕裘。潘景郑先生则为潘祖同之孙，与兄长潘承厚共用宝山楼之堂号，所藏既有继承祖父竹山堂之遗箧，又有滂喜斋、香雪草堂之旧藏，兼有购自群碧楼、缃素楼、笺经室、铜井文房、小绿天等名家散出之故物，蔚为大观。自潘奕隽至潘景郑，潘氏一门保存古籍前后将近二百五十年，书香不绝，不能不令人慨服。

潘景郑赠郑逸梅

潘先生名承弼，字良甫，号景郑，别署寄沤，生于光绪三十三年（1907），2003年永归道山，曾受业于章太炎与吴梅，民国年间供职于上海合众图书馆，1949年后进入上海图书馆工作，直至1989年退休，所著有《日知录补校》《敝帚存痕》《寄沤賸稿》以及《著砚楼读书记》等，室名除宝山楼外，尚有著砚楼、陟冈楼、宋韵金篇之居。其兄潘承厚字温甫，号少卿，又号博山，别署蓮庵，生于光绪三十年（1904），年仅四十即去世，著有《蓮庵书画录》及《蓮庵遗墨》等。宝山楼中珍品无数，古籍之外，名人书札、乡贤遗墨则是其最大特色，凡乡贤稿本或带有校跋者，见无不收，甚至乡贤随手所录之只言片语，亦皆精心藏庋，《著砚楼读书记》中所载几近半数皆乡邦文献，足见潘氏昆仲用力之所在。宝山楼于乡邦文献不仅仅致力于搜集，更在于整理，潘承厚曾辑印有《明清藏书家尺牍》四册，汇集一百四十八位藏书家手迹，又辑印《明清画苑尺牍》，未成而病逝，由潘景郑续而成之，汇录二百四十余人，皆附以小传，所用文献全部来自宝山楼自藏。暮年潘老还曾有意续补《画苑尺牍》，惜年迈力衰，终未成事，寒斋所藏潘景郑赠郑逸梅清代文人书札稿本一册，其中即有此夙愿未偿之叹。

该稿本为毛装一册，靛蓝封面，内经潘老精心裱贴，共收清代文人书札、便简及砚拓四十九通，计一百页，除却最后数通因潘老精力不济未有题记外，余皆有题记并赋长短句一首，共计题记四十四篇，包含长短句四十一首。读其题记，知该稿本为潘老赠于郑逸梅者，计其岁月，则在1979年与1980年陆续书就。郑逸梅原名鞠愿宗，因失怙依外祖父为生，改名郑际云，号逸梅，笔名冷香，江苏苏州人，生于光绪二十一年（1895），1992年去世。早在民国年间，郑逸梅即因擅长于报端撰写文史掌故类文章，而被誉为"补白大王"，1949年后，于中学任教至退休，"文革"期间受到冲击，直至1977年平反，后入上海文史馆工作，继续写作不辍，至1992年去世为止，毕生著述近五十种，其中《人物品藻录》《逸梅小品》《清娱漫笔》等极受读者欢迎。郑逸梅极其喜爱梅花，由名号即可见一斑，其书斋名为"纸帐铜瓶室"，亦源自古人咏梅诗中多有纸帐、铜瓶字，寒斋所藏稿本中潘老为其所赋诸词，亦频现"纸帐铜瓶"字句。

王贵忱先生曾记述郑逸梅评价潘景郑之语：

> 潘公善读书，精识版本，沪、苏两地老一辈藏书家对其学识无不奉手。与其兄（承厚）最相得，昆仲皆以有学问见称于南中。

郑逸梅还曾记述潘老收藏之况，云：

> 潘景郑家旧藏清人诗文集一千三百多种，景郑补得一千数百种，编成目录，以待再访。又方志亦收罗一部分，江苏、浙江两省均备，拟扩充至安徽，盖景郑原籍安徽也。综计若干年中增添图书加以旧藏，共计三十万卷，贮四百多箱。

郑逸梅祖籍亦安徽，同在歙县，潘、郑二老籍贯同，兴趣同，交游至深，此稿本则为二人相契之物证。由稿中署款及钤章可知，潘老赠札之时年约七十有五，此时郑老更是年近九旬，二老以此等高龄，尚有如此替前人保留文献之心，其境界当已远超出常人收藏之意，臻入化境，不再受年龄、物我之囿，而历朝换代，烟云散尽之后，老来尚有如此清友翰墨往来，亦令人深羡。

文人性情俱见

潘老于册中每篇题记皆有不同钤章，如"景郑""景郑持赠""景郑倚声""景郑填词""景郑题痕""景郑跋语""景郑寄痕""景郑手痕""景郑藏砚""寄沤倚声""寄沤笺启"等，其他尚有"雪泥鸿爪""荥阳宗老""结习未尽"等闲章，又有"己未七三翁""庚申七四翁"两章，由此而知其撰稿在1979年与1980年间。细阅书札内容，有言及官场者，有言及著述者，以及文人酬唱、慈善捐款等等，而与藏书相关之买书、卖书、刻书、借书、校书等事，更是频频涉及，清末文人风貌和往来之景象，由此册中可窥一斑，而李慈铭、俞樾、刘春霖以及莫友芝等人之性情，更是于札中音容具现，读来如见其人。

稿册中第九通为李慈铭致潘曾莹，其中言道：

> 当今斯道陵敝，主持风雅，非公而谁？昔裴中令退老洛师，与梦得、香山屡相唱和，慈学识谫劣，不足方驾二贤，而公之雅道虚怀有过中令，平生得此殊可不恨耳。

李慈铭素来以说话刻薄著称，其日记中常于时人肆意点评，多有诋毁之辞。《清史稿》评价曰："性狷介，又口多雌黄。服其学者好之，憎其口者恶之。"潘曾莹为潘景郑曾祖，李慈铭与潘曾莹、潘祖荫累世深契，宝山楼曾藏其札数十通之多。李慈铭于此札中将潘曾莹喻作唐代名相裴度，而自比刘禹锡、白居易，其傲然自得之态形诸笔端，与其点评他人之肆意诋毁绝然两类，读来不禁令人莞尔。潘老于札后题记曰：

> 札中以裴中令喻先曾祖，而自比梦得、香山，盖自负颇形诸笔墨。简后附署绂丈者，则称先绂庭曾叔祖是。顾先生恃才傲岸，不肯下人，与赵撝叔先生同里同时，而龃龉殊甚，每称赵为"天水狂人"，而赵亦反唇相讥，毕生冰炭不容，此亦才士陋习，实皆一时畸人耳。

与李慈铭之恃才傲物相反者，有俞樾之谨小慎微。稿册中第二十二通为俞樾致潘祖同，其云：

> 拙诗中有大不妥之句，流播非宜，昨暮思而得之，已将版本剜改矣。贵友持去之本，请函命寄还为感。

潘老于题记中称：

> 札云诗中有大不妥处，已将版本剜改语，亦以见前贤著述之不苟，有讹必纠正焉。

俞樾此札所用之红格稿纸，右下方印有"曲园制"三字，然此实为半幅笺纸。寒斋另藏有曲园先生手札两册，皆旧裱本，所用笺纸与此相同，故知之。此札虽系半张笺纸，却可见俞樾之爱惜纸张，不忍因半幅而弃之，此于细微处见性情，又一证也。

相类者尚有徐乃昌致魏梅荪，此札当系书信底稿，一应删改痕迹皆在。该札所言为印光法师兴建道场，助请影印宋版藏经事，可见其字斟句酌，惟恐语不周详。潘老于此札后题记称：

> 余所得先生藏札，其覆稿时附札后，所存亦有若干通，皆亲笔改削，再经缮正，足证老辈笔墨之慎如此。斯稿致魏梅荪者，亦经亲笔手自删改者。

册中第二十九通，为中国科举史上最后一位状元刘春霖家书，一通两页，字体极为工整，虽为家书，语气却颇严肃。其内容上半部分为与兄长刘春堂商讨为哈同撰写家传事，其对于兄长所撰之文，并不认可，然指出兄长文章不足之前，却以"气势闳远，是哥本色"开篇，再一一叙其不足之处，末以"未知可否，请酌定再为寄去"。该札下半部分言及家事，可知刘春堂之子行事乖妄，小妾嗜赌，日常所需尚赖刘春霖汇款以继。刘春霖于信中处处谦恭礼让，所有事物皆以商量之语气陈述，却威严自在其中，可以想见其兄长对这位状元弟弟之言听计从，中国传统士大夫之温良恭俭，于此信中可感知一二矣。

与刘春霖之严肃相映成趣者，又有第三十五通莫友芝致潘秋谷，乃是极其随意地书于自己名片上：

> 贵大老爷珍惠嘉膳，足三日饱矣，容晤颂，不一一。

玩其字体与语气，可想见莫友芝与潘秋谷相契之深，可以肆意玩笑，而不用理会繁文缛节。相对于刘春霖，莫友芝绝对是性情中人也。

徐乃昌史料

　　此稿册中涉及最频繁之人物，当数藏书家徐乃昌，计有第十三通王震致徐乃昌、第十四通徐乃昌致魏梅荪、第十五通任绳祖致徐乃昌、第十七通金天翮致徐乃昌、第二十八通夏承焘致徐乃昌、第三十三通冒广生致徐乃昌、第四十五通王欣夫致徐乃昌以及第四十九通张謇致徐乃昌，总共八通，内容有徐乃昌助养孤儿、影印藏经、建幼慈院、借书、交友以及公事等等，几乎涉及徐乃昌除家庭生活之外的各个方面，对于后人了解徐乃昌实有裨益。而其中吾最感兴趣者，自然是与书相关之事。

　　八通书札中，夏承焘、王欣夫与张謇致徐乃昌信中皆言及书事。夏承焘札中称：

　　　　承焘曩为《白石歌曲考证》，姜词版本见知数十种，泰半苦未目验。先生今之绛云、菉圃，石帚一集，定多珍本，兹另纸写目乞教。倘荷不靳开示，俾过沪抠谒时，得快所未见，尤感祷无既矣。

潘老于后题记中有言：

此残札缺首叶，盖致徐积余先生者，于时已征访白石集版本，具见其致力姜词之深，而尤以证积学斋藏弆之富。

王欣夫致徐乃昌札中称：

前承谕，有莬翁题跋可钞赐，甚荷甚荷，敬请并千里、仲鱼、枚庵三家跋语一同见惠为感。（千里跋约得二百种，年内拟即付梓。）又元人欧阳玄《圭斋集》集外佚文亦辑得不少，闻邺架新得《当涂县志》中有《普明禅庵记》一篇，亦敬求录赐补佚。钞润若干，当奉缴也。清儒经小学考据书未刊稿本，素钦搜藏极富，如许惠借一二种录副，尤感。

此札后并未附潘老题记，大约当时年岁已高，精力渐有不济之故。通览此册，亦可见越往后潘老题记字迹渐为松散，越往前则越工整，睹此亦令吾生光阴易逝之叹，若不趁精力尚可多做些事，老来恐怕亦会有心无力。

张謇致徐乃昌信中所言为公事，公事谈毕，于最末一行附以"《日知录》奉缴"五字，可见张謇亦曾向徐乃昌借书，所借者乃顾炎武之《日知录》，该书版本颇多，惜此札未注明是何版本。然而正因为版本众多，若仅为一读，求之坊间实为易事，以张謇之眼力，求诸徐乃昌，则多为版本佳善而来。夏承焘、王欣夫、张謇皆致信徐乃昌商及借书事，一则如潘老所称可证积学斋藏弆之富，二则可见徐乃昌之藏书观颇为达观，并非束之高阁秘而不宣，而几乎是"有求必应"，否则书友们亦不会纷纷问其商借，此亦从侧面证明徐乃昌成人之美，有君子之德。

其他如与王震、魏梅荪、任绳祖往来书札中，则涉及徐乃昌捐助孤儿院，以及为印光法师兴建道场，助请影印宋版藏经诸事，其中1931年徐乃昌致魏梅荪信中，末以"徐乃昌和南"署款，可见徐乃昌日常生活中亦以佛弟子自居，且热诚于佛法，时时布兹功德。次年"一·二八"事变，上海沦为孤岛，徐乃昌终日闭门不出，仅与印光、妙真、王震等佛门弟子往来。今人读徐乃昌资料，多见其为官及藏书、刻书事，鲜有言及他者，此则为研究徐乃昌生平又提供一份史料。

潘老于题记中还言及徐乃昌所藏及身已散，生平著述并未刊行，其曾问及徐乃昌长子徐子高，云仅存诗词残稿数纸，潘老假录存箧，然几经沧桑，复经失去，言语间潘老颇为惆怅。数年前因为《藏书家》之故，吾得以结识徐乃昌外孙，其现供职于上海某大型企业，对外祖事迹甚感兴趣，曾来寒斋小坐，专看徐乃昌手批及所刻之书，并告吾徐乃昌去世后，其墓于"文革"中被毁等鲜为人知之细节。一代俊彦，生前生后竟然反差如此之大。

潘老之收藏观

四十余篇题记通读下来，潘老之性情亦现诸笔端，其收藏路数为典型吴派藏书家传统路数，所看重者，首当为乡贤，次则为与乡贤有关之著述、所藏及遗墨。每篇题记所涉及人物，先以名号、籍贯、功名、仕宦简介之，次以性情、著述、事迹叙述之，间叙以宝山楼与所述人物之旧谊。而述及著述、所藏时，每逢所涉人物遗著未得刊传，或是故物不得保存，潘老言辞间总是颇为痛惜。如第二十二通言及俞樾遗札，其云：

> 家藏先生遗札曾装成两厚册，惜留存家乡，为嵊倅论斤以尽。此短札未及付装，夹杂书中，幸得具存。

第十通邹福保致陈倬书札后，潘老言及邹福保旧藏，称邹福保之子邹百耐于塔倪巷设百拥楼书肆，"尽出先人遗笈，弃儒习贾，间亦往来故家，居间牟利。吾族香雪草堂藏弄悉为所得，出入利润倍丰"，又记：

> 百耐无子，有四女，未知何归。余识君于抗战前，岁时买书百拥楼，往来至久，屡曾劝其为咏春先生遗诗刊传，顾君以无利可润，不暇为先人显扬之业，其遗稿今亦无可踪迹，为之慨叹。

古人将著书立说称之为名山事业，可谓文人头等大事，读前人序跋，多有后人几经辛苦将先祖著述付梓者，而保存先人文稿以至数代之后始付剞劂者，不胜枚举。然而邹百耐却不仅将父亲所藏悉数变卖，更因无利可润，而置父亲著述于不顾，实在令人叹息。

如邹百耐拒刊父书等书界掌故，以及各家藏弄去向，潘老笔下还记有若干，多有别处未曾读到者，为方家研究清末民国文人生平，以及近代藏书家事迹提供第一手史料，实堪宝之。而读潘老题记，更令吾感动者，不仅为其保存乡献，更为其笔端流露出的谦和与淡泊。

潘老享年九十六岁，书此稿时已七十余岁，由题记可知，册中所收者既有家藏之物，亦有"文革"退赔之物，以潘老所称，则为"文运反弓"之物。七十余年来，潘老经历清末、民国、抗战、"文革"等各个阶段，收藏聚散之事，已反复数遭，常人收得"文革"退赔之物，或大喜，或感慨，在潘老却只是淡然叙之，继而转手赠人，物之在此在彼，于潘老而言，已无甚分别。其题秦长生无极瓦当拓片时称：

　　昨岁楚弓重返，尚留此瓦于残囊烬余间，衰年古欢寥寂，零星孑遗，束诸高阁，攸待真知笃好者，得摩挲护持，为此瓦之幸运。

此番说话，可见潘老眼中之收藏，已经在于物之幸运，而非人之喜好也。潘老尚有一段言及王謇者：

　　"文运"之际，同罹四凶之虐，促居博物馆一室，晨夕相对，不敢作一亲切语，而君以骨鲠受暴凌为甚，旋被逐归里弄，即含冤逝世，于时年逾八十矣，身后遗书亦尽散失。余与君同寓沪滨，文字商榷，鱼雁频繁，惜经浩劫，尽化烟云。箧中只存一札，为"文运"前以藏弄属为介绍求售者，偶而检得，恍睹故人之面，只惜零羽孑存，护持无由，闻吾逸梅翁搜集古今人手迹甚富，即以奉贻，非敢珍帚，亦乞为故人留点滴遗痕而已。

此段读来，哀而不伤，淡而回味，非经历沧桑、超然物外者不能语之。读罢不禁反省，若此情此景换作是吾，会否义愤填膺，笔底怨气四溢？潘老之境界，以范仲淹"不以物喜，不以己悲"或可称之。

余　语

读此稿册，时为癸巳春夏，吾不良于行数月，终日卧床，不得外出，惟有以书消送流年。适逢春拍陆续开槌，以往奔走于各家拍场查看拍品之乐事，顿成良辰美景虚设，知有好书与吾同在京城，却无法亲身赴会，辗转病榻，深感无奈。泰和嘉成刘兄颇为高义，知吾心痒难禁，居然将吾属意之书特意送来病房供吾欣赏，颇为感激。刘兄送来拍品中有名家稿本一册，恰好床头潘老册中亦收有该名家书札一通，此事又令吾念及潘老此册尚有助人鉴定墨迹之功能，盖此册所收，皆经潘老鉴定极明，今日拍场鱼龙混杂，真假莫辨，有此作为比勘，实好过盲人摸象。

春拍早已结束，各家夏季小拍亦陆续结束，意外之厄令吾错过许多好书，心有不甘同时，又反复回想潘老境界。古稀翁题赠于耄耋翁，此中意趣当然不会是物之占有，保存文献与传承文脉，始为收藏真意。每念及此，令向日物欲深重若吾者极为惭愧，亦深谢前贤之惠我多矣。

小村三哥大人左右 前奉到
寄来卷一册 道因婴� 邮病匆促 此二阅毕先
行寄
呈不如前课卷之此段曲否
制Nasca[印] 中六為先生也 此養顱博 惜少载
南伏臘故固独你多蒙[印]
昔大心尚未罷麻[印]虚渾师人念之心想 仲寿[印]
利澹於柳友越话薛先又乃有其一寄字与念之寒衣
呵嫌不忘 教請
勖政無任依溽
苐制彦竹弟

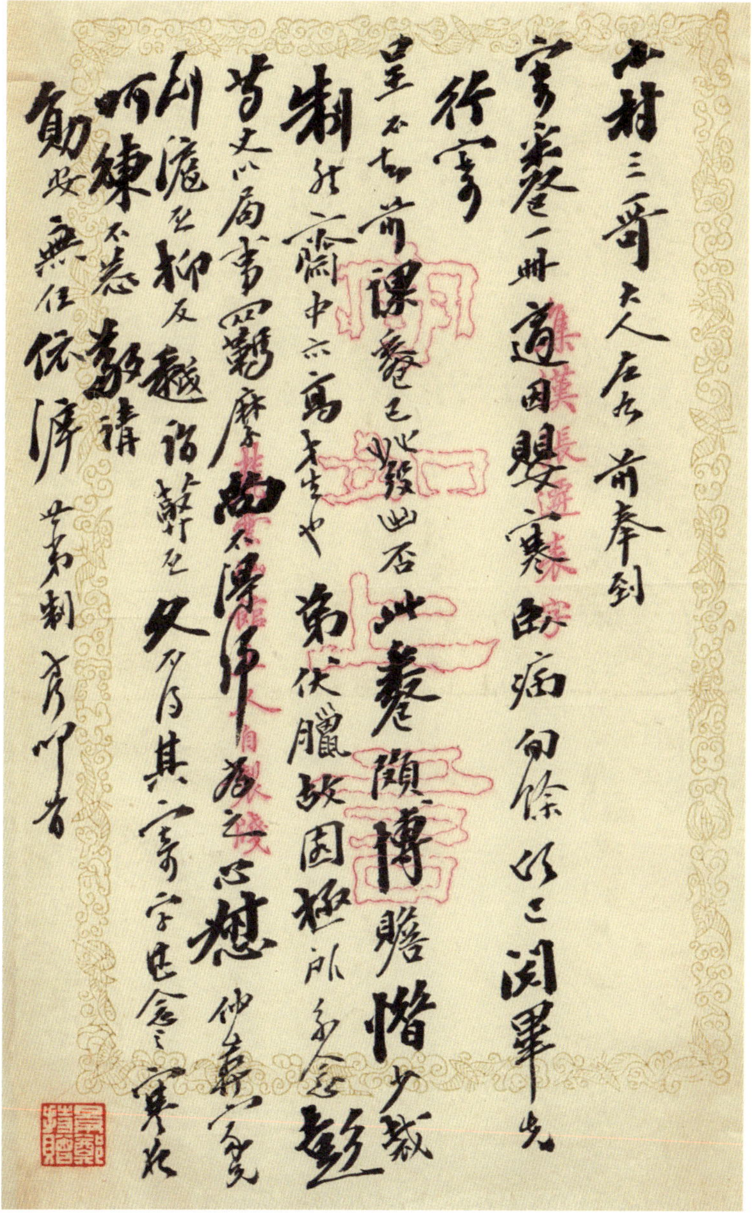

此勒方錡手札一通按方錡字澄九號少仲江西新建人清道光時舉人官
至河東河道總督管河道言理相待其能知荷生每作書酒思靜坐自研墨
瀟盈吳氏於翰墨緣素流傳生氣勃勃著有太素齋集行世芝畦鴻章嘗美
甲與吳平齋李眉生壁先生皆祖季玉公此酒紅遺硯密此札上署歙小村者未知
何人玩內容承述當是早期所書未有內道逵墼時札□中有攝影為文肅有列鄉薦
半刻書卒之久是以金若藏其書醗及卷帙氧詞書居均雖諸嚴而高鑒□札
書華可概見焉欧於嚴殘中稽於壽然遠拓翁聊備考癸卯二月濤菴鄭記
綷錦庁鴻壽遠百年池賦幾多風雨更飄殘拾麯竹學燕
故誼芸芸摩尹某同尚素鄉浪聲寂橋朱門陳跡在处慷遺
調寄上林春
安庄詞人云楳

释　文

小村三哥大人左右：

前奉到寄卷一册，适因婴寒，卧病旬余，余已阅毕，先行寄呈。不知前课卷已发出否，此卷颇博赡，惜少裁制，然斋中亦高才生也。弟伏腊故园极所系念。彭芍丈[1]以局事羁縻，尚不得归，为之心怒。仲莪家兄到沪否？抑反越诣葬否？久不得其寄字，甚念之。寒夜呵冻不恭。敬请

勋安，无任依溯 。

世弟制方锜叩首

　　钤：景郑持赠

题记：

此勒方锜[2]手札一通。按方锜字悟九，号少仲，江西新建人。清道光时举人，官至河东河道总管。洞达玄理，相传其能知前生，每作书，潜思静坐，自研墨沈盈器，然后染翰，故缣素流传，生气奕奕。著有《太素斋集》行世。光绪间曾寓吴中，与吴平斋、李眉生暨先本生曾祖季玉公[3]诗酒往还颇密。此札上署款"小村"者，未知何人。玩内容所述，当是早期所书，未官河道总管时札。札中有称彭芍丈者，则乡前辈彭芍亭先生是也。余旧藏其书联及卷册题词，书法均谨严不苟，览此札书，举可概见焉。顷于丛残中检得，奉贻逸梅翁，聊备一格。

庚申二月，潘景郑记

碎锦片鸿垂远。百年池馆。几多风雨更飘残，检点余莺
燕。　　故谊苔苓群彦。梦回留券。乡痕寥寂换朱门，陈迹
在、愁怀遣。

调寄《上林春》。

寄沤词人呈稿

钤：景郑、景郑倚声、庚申七四翁

小 注

① 彭祖贤（1819—1885），字兰畬，号芍庭、芍亭，江苏苏州人。
清咸丰五年（1855）举人，同治间官至湖北巡抚。辑有《长洲
彭氏家集》，又合编有《咸丰乙卯直省乡试同年齿录》。

② 勒方锜（1816—1880），原名人璧，字少仲，号悟九，选贡时改
此名，江西新建人。清道光二十四年（1844）举人，曾入曾国藩
幕，官至河东河道总管。精通星卜术相之学，工诗词文赋，享
名于时。精于书画，字体秀丽清俊。著有《太素斋诗钞》及《太
素斋词钞》（一名《桴洲词》），俞樾赞其："词虽不多，然其
辞美而律又谐，虽紫霞翁见之，不能更易一字，是固词家之正
轨也。"

③ 潘曾玮（1818—1886），字宝臣，又字玉淦、季玉，号养闲老人，
江苏苏州人。潘世恩第四子，道光二十三年（1843）顺天乡试，
挑取誊录，遂弃举业，肆力诗古文辞。撰有《正学编》《自镜斋
文钞》《养闲草堂图记》等。

笺　释

　　潘老跋文中有"此札上署款'小村'者，未知何人"，此小村为邵友濂。邵友濂（1841—1901），初名维埏，字筱春，又作小村，浙江余姚人。同治四年（1865）举人，次年试礼部不售，寄食京华，薄有声名。同治十三年（1874）以御史记名补总理各国事务衙门章京，光绪四年（1878）随崇厚出使俄国，先后出任署理出使俄国钦差大臣、苏松太道、河南按察使、台湾巡抚、湖南巡抚等职。为新月派诗人邵洵美祖父。

　　同治五年（1866），两江总督曾国荃入觐，听闻邵友濂通欧语，遂招之入幕。此册翰墨中尚收有曾国荃致邵友濂短札一通，内容涉及与李鸿章公事，上款称"小村仁兄世大人"。潘老跋称此札当是勒方锜早期未官河道时所书，而勒早期未官河道时恰在曾国藩幕，两家幕宾往来频密，故勒、邵二人亦有书札往来。此外，潘老跋中所称李眉生即李鸿裔，号香严，亦曾入曾国藩幕，吴平斋则指吴云。

　　北宋年间，司马光退居洛阳时，常与六七位朝中老臣聚于名园古刹，彼此约定果品不过三种，点心不过五样，不备酒，谓之"真率会"，大家品诗论文，一时风雅。清光绪年间，归隐苏州的官绅亦成立有吴郡真率会，以怡园、网师园等私家园林为活动场所，聚而行鉴赏、唱酬、品茗、饮酒诸雅集，初期主要成员有吴云、沈秉成、李鸿裔、勒方锜、顾文彬、潘曾玮及彭慰高七人，顾文彬《过云楼日记》中多有记当年雅集韵事。

　　光绪五年（1879），顾云彬特意请来常熟画家胡𦱦孙为之绘

《吴郡真率会图》，并跋此图："其浓眉秀目，面皙髭白，以手掩胸而坐于右者，中江李鸿裔香严也；面圆髭微白，其容蔼然，以手按膝而中坐者，奉新勒芳锜悟九也；面赪若被酒，白须飘然，袖手抱膝而坐于左者，吴县潘曾玮养闲也；方面浓髭，笑容可掬，屈膝而坐于方椅者，归安沈秉成仲复也；凭椅背而立，面清癯、须疏白，有海鹤风姿者，归安吴云愉庭也；面长鼻直，美须髯，望之伟然，凭几而坐者，长洲彭慰高讷生也；方面微髭，坐于几侧，以手作按曲状者，元和顾文彬艮庵也。"而潘老此札中所涉人物，七人之中居其四焉。

鄭大鶴先生 手札一通 亦煙好 手邊先生名文焯字小坡孫叔問別署大鶴

山人為委人先世為閩東島鎮守協鎮 從清所入閩 隸漢軍旗坡為旗

籍清光緒元年舉人工古文詩詞光精金石琴接之學兼通醫理善畫

風藥道遠卓凡名家哀蘇根莘芥内十餘年時往未蘇泥雨辛亥革命

後閒居蘇州以行醫鬻書畫自給著有大鶴山人集行世為時所重此札詢

署師竹主人云是肯堂輩主藏足以見先生之嗜古情狀焉 遠梅衔搜

羅近代名家手蹟不遺餘力印以拾牽郵備一帙葢所樂取為己未仲冬長郡

多後事而才人蓁根久呆門百年風尚記前塵藏弄寓奇珍伴和

扁盦玉佛先生有玉佛盦主印大鶴叢繚俶悼明殘睹隨泥痕縝紵克長思

調宇書遠婺 窖江詞人重拈

释　文

　　周处书画如何，前路屡来催索。兹又送上旧瓷花瓶二个，又一友人托买者，蓝者四元，龙泉窑者三元，此尚易消脱，愈速愈好。师竹主人

小坡顿首

　　钤：景郑持赠

题记：

　　郑大鹤①先生手札一通，亦烬余子遗。先生名文焯，字小坡，号叔问，别署大鹤山人，高密人。先世为关东海岛镇守协镇，从清师入关，隶汉军正白旗，故为旗籍。清光绪元年举人，工古文诗词，尤精金石考据之学，兼通医理，善书画，风格遒逸，卓然名家。襄苏抚幕前后十余年，时往来苏沪间。辛亥革命后闲居苏州，以行医、鬻书画自给，著有《大鹤山人集》行世，为时所重。此札款署师竹主人，当是骨董肆主，亦足以见先生之嗜古情绪焉。逸梅翁搜罗近代名家手迹不遗余力，即以检奉，聊备一格，当所乐取焉。

己未仲冬，景郑

　　多能事，亦才人。羁旅久吴门。百年风雨记前尘。藏弆富奇珍。　　伴和扁，龛玉佛（先生有"玉佛龛主"印），大鹤粲缤纷。片羽残鳞膡泥痕。缟纻乞长恩。

调寄《喜迁莺》。

寄沤词人呈稿

钤：潘、景郑、景郑填词、己未七三翁

小 注

① 郑文焯（1856—1918），字俊臣，号小坡，又号叔问、冷红词客、大鹤山人等，辽宁铁岭人。光绪元年（1875）举人，捐官内阁中书，居苏州三十余年，长期为人作幕。辛亥革命后，以遗老自居。工诗词，通音律，擅书画，懂医道，长于金石古器之鉴，以词名闻世，为晚清四大词人之一，著有《大鹤山房全集》。

笺 释

郑文焯中举后，七次会试不中，遂绝意进取，因爱吴中山水，故寄居苏州，为历任苏州巡抚幕中之宾。康有为作《清词人郑大鹤先生墓表》称其"先后巡抚十九人，慕其才名，延赞幕府，君乃徜徉湖山，著书作歌词，以老于吴下"。在此期间，因历任巡抚皆对其礼待有加，故生活颇为宽裕。然辛亥革命后，巡抚一职不复存在，幕府亦随之解散，郑文焯生计成艰，唯有行医卖画以为食，因此晚年生活颇为萧索。《墓表》称其去世后："卒前一日弥留，属其子复培，以后事托康有为，康有为乃纪其丧，问所藏书画古董，则鬻尽。"

其实鼎革后，当局亦有人赏识郑文焯之才学，袁世凯曾创设清史馆，由赵尔巽、柯劭忞主持，并聘郑文焯为纂修，但郑对袁世凯印象极坏，坚不应聘。蔡元培任北京大学校长后，网罗人才，打算聘其为金石学主任教授兼校医，然而郑正踌躇斟酌间，夫人一病不起，未久辞世。丧事过后，郑文焯婉辞北大事，并致信友人罗瘿公略作解释："闻京师仆赁薪米之费，什倍于南，居大不易，蒿目世变，何意皋比，颓放久甘，敢忝为国学大都讲耶？业医卖画，老而食贫，固其素也。"

潘老所藏此札中，郑文焯并未署年款，然玩其字句，当为幕府生涯结束之后所书。诸多民国掌故皆记大鹤山人晚年鬻尽所藏，尤其民国六年冬，夫人张氏去世，郑文焯无钱营葬，还是梁启超送来三百大洋，始得入土为安。札中称"此尚易消脱，愈速愈好"，其拮据之况，恍如在目。

又，此札书于芸兰阁绿笺纸上，芸兰阁为设于苏州养育巷之纸铺，民国二十四年（1935）出版的《应用新楹联》中收有芸兰阁楹联两副："芸窗书伴读，兰阁纸生香"及"芸阁焚香功能辟蠹，兰台秉笔文胜雕龙"。

贵霭照相似两热力甚□时之二九月

上三兄岁在杭来之前写于此老娜

不惟也吾

兄迤来为何佳况裥署吉境无违

眺郡之额虚使吉境时书保告以吾

兄之才决渠芸何秕似领会兴玄

宾人少真识耳鞠躬善事末

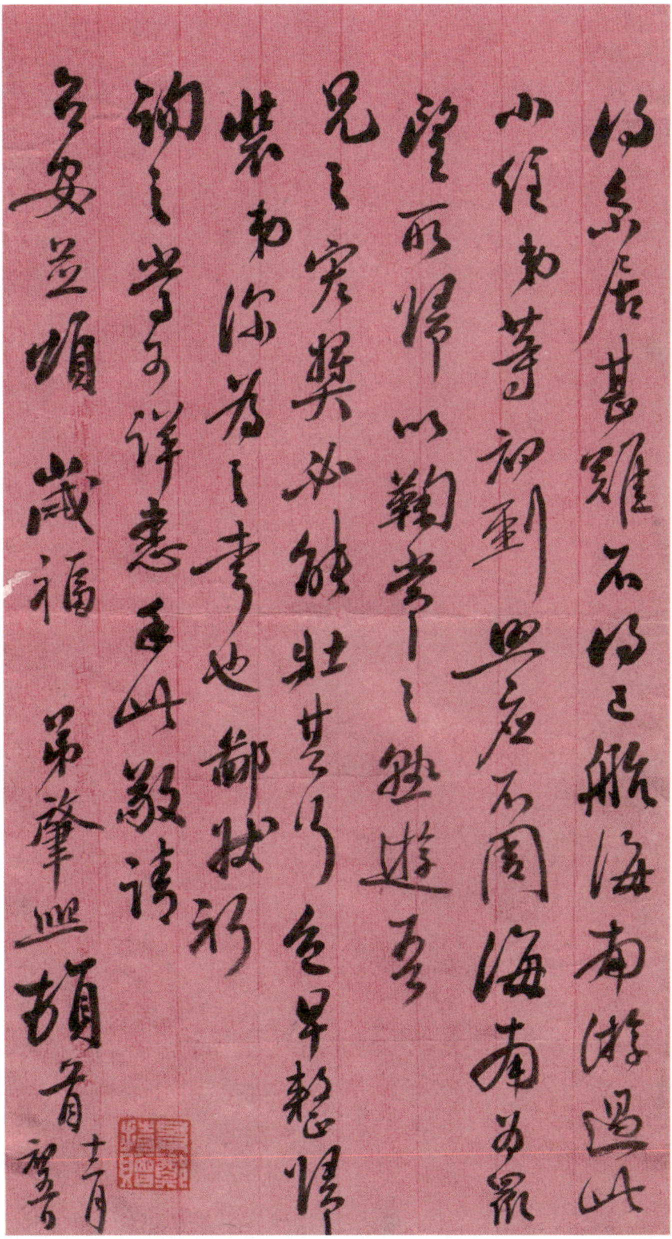

內以家居甚難不好之航海南遊過此

小住而等初到興居不周海南多雨

隆而歸以鞠章之熟遊事

兄之寵獎必雖壯甚行色早輕情

紫書深為之幸也鄰枝行

物之孝子祥意手此敬請

多安益順　歲福

弟肇興頓首十二月望�

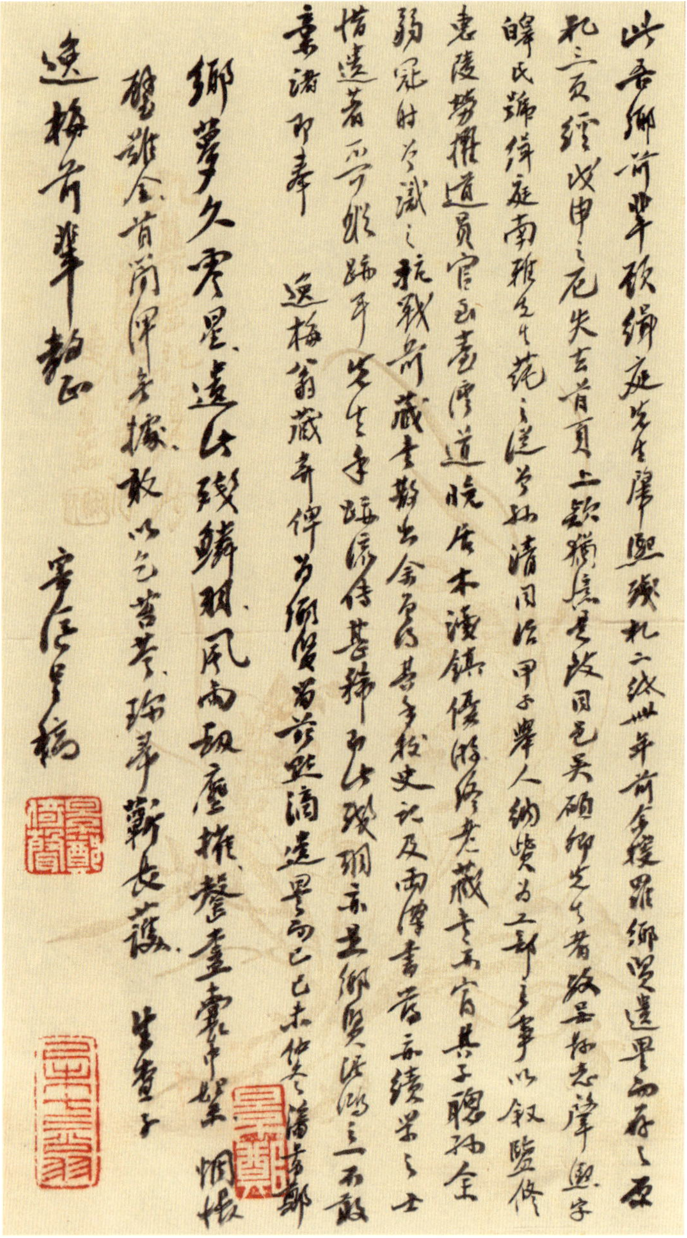

此吾鄉前輩狄絅庭先生與瓞札二紙，卌年前余獲罪鄉里，遺墨所存之原札三頁，經戊申之厄，失去首頁上款，稱[illegible]是改因[illegible]吳碩卿先生者，攷吳[illegible]志肇與字晦氏，歸得庭南雅先生藏之，遂考知清同治甲子舉人，納貲為工部主事，以叙監修惠陵，勞擢道員，官至臺灣道。晚居木瀆鎮，[illegible]將終老，藏書不富，其子聰孫，余弱冠時即識之。抗戰前藏書散出，余所得其手校史記及兩漢書，蓋亦績學之士，惜遺著不可復睹，而先生手跡亦傳甚稀，而此殘翰亦是鄉賢遺跡之一，不敢[illegible]諸[illegible]，奉逸梅翁藏弆，俾為鄉賢留[illegible]遺墨而已。己未仲冬之月，潘景鄭

鄉夢久零星，遺此殘鱗羽。風雨劫塵排，[illegible]臺囊中葉。惆悵[illegible]雕零，首問[illegible]年據。敬以乞耆英，珍[illegible]新長護。生查子

逸梅前輩教正　寄[illegible]呈稿

释　文

　　……贵处略相似，而热尤甚。时已二九，身上之衣尚在棉夹之间，习于北者颇不惯也。吾兄迩来有何佳况？补署想皆不远，盼切盼切。额廉使去津时，弟深告以吾兄之才望，渠当时虽似领会，恐老实人少真识耳。鞠常①差事未得，京居甚难，不得已航海南游，过此小住，弟等初到，照应不周。海南为众望所归，以鞠常之熟游，吾兄之宏奖，必能壮其行色，早整归装，弟深为之幸也。鄙状祈询之，当可详悉。手此，敬请

台安，并颂岁福。

弟肇熙②顿首

十二月初五日

　　钤：景郑持赠

题记：

　　此吾乡前辈顾缉庭先生肇熙残札二纸。卅年前余搜罗乡贤遗墨而存之，原札三页，经戊申之厄失去首页，上款犹忆是致同邑吴硕卿③先生者。考《吴县志》，肇熙字皥民，号缉庭，南雅先生莼④之从曾孙，清同治甲子举人，纳赀为工部主事，以叙监修惠陵劳擢道员，官至台湾道，晚居木渎镇，优游终老，藏书亦富。其子聪孙，余弱冠时曾识之。抗战前藏书散出，余曾得其手校《史记》及《两汉书》，当亦绩学之士，惜遗著不可踪迹耳。先生手迹流传甚稀，即此残羽，

亦是乡贤泥鸿之一，不敢弃诸，即奉逸梅翁藏弄，俾为乡贤留兹点滴遗墨而已。

己未仲冬，潘景郑

　　乡梦久零星，遗此残鳞羽。风雨劫尘摧，罄尽囊中絮。　　惆怅璧难全，首简俾无据。敢以乞苔芩，珍帬蕲长护。

　　《生查子》。
逸梅前辈教正。

寄泅呈稿

　　钤：景郑、景郑倚声、己未七三翁

小　注

① 叶昌炽（1849—1917），字鞠裳，一字鞠常、菊裳，号颂鲁，晚号缘督庐主人，江苏苏州人。清光绪十五年（1889）进士，曾任翰林院庶吉士、国史馆协修，官至甘肃学政，以裁缺归，著述终老。富藏书，精目录、考订、金石之学，有五百经幢馆，藏书三万卷。著有《藏书纪事诗》《语石》《奇觚庼诗集》及《缘督庐日记钞》等。

② 顾肇熙（1841—1910），字皞民，号缉庭，江苏苏州人。清同治三年（1864）举人，官工部主事、惠陵工程监修，后历任吉林分巡道、陕西凤邠盐法道、按察使衔台湾道、台湾道署布政使等。晚居苏州，捐资办学。诗宗北宋，书法苏轼。有《思无

邪室日记》等。

③ 吴景萱（1835—1912），字硕卿，江苏苏州人。曾任广东补用知府。与李慈铭结为昆弟，《越缦堂日记》载："硕卿来，交谱牒，结昆弟之好。硕卿少予七岁。"

④ 顾莼（1765—1832），字希翰，一字吴羹，号南雅，晚号息庐，江苏苏州人。嘉庆七年（1802）进士，授编修，擢侍读，出为云南学政，道光初授侍讲学士，后擢通政司副使。尝从钱大昕游，与孙星衍、钮树玉、黄丕烈等往来，擅书艺，好画梅兰。著有《思无邪室集》，编有《滇南采风录》《律赋必以集》等。

笺　释

此札虽为残札，首页已佚，且札末仅署月日，未署具体年款，然由内容可以推知，此札书于光绪十七年（1891），是年辛卯，顾肇熙时任按察使衔分巡台湾兵备道。

顾肇熙札中有云："鞠常差事未得，京居甚难，不得已航海南游，过此小住。"鞠常即叶昌炽，光绪十五年（1889）会试中进士，十六年授编修，十七年考差未得，《缘督庐日记钞》光绪十七年四月十五日记载："保和殿考差，穷日之力尚是百孔千疮，可叹也！"叶昌炽居京师期间，由座师潘祖荫延其坐馆，教授潘祖年，同时收徒尚有友人查燕绪之子、秦绥章之子以及翁同龢之侄翁绹孙。然京师百物腾贵，叶昌炽又终日留连厂肆，授徒所得悉付书账，因此顾肇熙有"差事未得，京居甚难"之谓。

顾肇熙原本任陕西凤邠盐法道，是年经李鸿章奏保，出任按

察使衔分巡台湾兵备道,《李鸿章全集·奏稿》中收录有"奏保顾肇熙片":

> 前陕西凤邠盐法道顾肇熙,上年服阕来津。时值直境大水为灾,工赈烦兴。臣以该员办事实心,条理精密,当即檄入赈局……该员明练朴诚,体用兼备,历任吉林分巡道、陕西盐法道。娴于吏治,所至均著政声,前后在北洋当差,历练有年,通达事理,于交涉洋务亦能留心讲求。臣素知其才,本拟留直襄助。昨经台湾抚臣邵友濂奏调,钦奉谕旨发往,差遣委用。海疆重要,自属需才孔亟之时。现赈抚业经就绪,即饬该员将经手事件料理清楚,已于九月杪起程渡台。

由此可知,顾肇熙赴台为是年九月之事,故有"时已二九,身上之衣尚在棉夹之间,习于北者颇不惯也"之语。叶昌炽南游则几乎同期。据《缘督庐日记钞》所载,叶昌炽是年十一月初三日登船,初六日抵台北之基隆口,"初七日先访铜井晤之"。铜井即顾肇熙又一别号,《缘督庐日记钞》中多以此名呼之,称"缉庭"者不足十处。苏州光福镇有铜井山,为昆山顾氏之祖籍,是故顾肇熙以此为号。

顾肇熙到台时间仅早于叶昌炽两月,故有"弟等初到,照应不周"之语。叶昌炽在台游历月余后告辞,离台抵厦门,经汕头、香港至广州,入广雅书局协助刻书。顾肇熙则于三年后,即光绪二十年(1894),接任台湾布政使,阅一年,清廷将台湾割让予日本,顾肇熙一度被建议担任割让事宜之"全权大使",顾以"受瘴抱病"弃位乞归。

四　吴湖帆录《明仇实父柳阴倦绣图》跋诗

潮帆姑丈逝世已逾十稔遺弄書畫文物亦逐眼煙雲不復可覩別為

廑東不揣冒訊夫瀟静洲姑母辛於己卯歲雅今踰四十年其間風雲改幻為

蕭乙咸游閱百餘九深朝露之感篆中可藏湖文遺墨數十件緣文運之殘

已亥迈歷之期輯欲捆而已此文予為別花館詞若彙錄庶以

備瀬翠者偶於叢殘中拾得寒滿庁羽羣函裝黐迨久予廬源沉殘失

散牽遙攜約收入蒙錦冊中偿一狐之腋衣被喜庵逸翁億再以懷

万之情而痡然依削詞體羽附焉乙未仲夺朝月僑寓鄴誠

十載風雲廬眼過梅影空濛鎖草閒亭琳瑯遊子離巢窣宻

蕘江堂當持錦字芡幾廑未瓞座摧破拾點記若茫收拾殘

英全律吾人臥依削花為醉花館體羽作 甯庁未旦稿

释 文

小院春来花雨过。薄雾空庭锁。一片画中诗，倚树微吟，不耐春寒坐。　依稀翠影眉痕度。若个能猜破。蓦地上心来，打叠鸳衾，今夜和衣卧。——《醉花阴》（刘纯斋[①]）

夫婿封侯苦恨迟，陌头杨柳又垂丝。杏花燕子春无赖，正是侬家倦绣时。（文嘉[②]）

惆怅芳春已较迟，闺中云鬓乱于丝。不知车骑铭功日，可是连波悔过时。（余集[③]）

钤：景郑持赠

题记：

湖帆[④]姑丈逝世已逾十稔，遗弃书画文物亦如过眼烟云，不复可睹，梅影旧庐亦不堪问讯矣。溯静淑[⑤]姑母卒于己卯岁，距今踰四十年，其间风云变幻，茑萝至戚，渐同陌路，尤深朝露之感。笈中所藏湖丈遗墨数十件，经"文运"之役，已无返璧之期，徒增怅惘而已。此丈手写刘纯斋《醉花阴》词，当是录存以备獭祭者，偶于丛残中检得，零简片羽，无由装袭，迟久可虑浮沉致失，敢奉逸梅翁收入集锦册中，俾一狐之腋，长护无虞。逸翁傥亦以怀旧之情而存之，何如？率依刘词体韵附焉。

　　　　　己未仲冬朔日，潘景郑识

十载风云盈眼过。梅影空濛锁。莫问弄琳琅，燕子离巢，寂寞荒江坐。　　留将锦字曾几度。未劫尘摧破。检点记苔苓，收拾残英，合伴高人卧。

依刘纯斋《醉花阴》体韵作。

寄沤未是稿

钤：景郑跋语、景郑倚声

小　注

① 刘锡嘏（生卒年不详），字纯斋，一字淳斋，号拙存，晚号茶仙，北京通州人。清乾隆三十四年（1769）进士，官江苏淮徐道。工书善画，尤长墨梅，秦祖永《桐阴论画》载："淳斋尤精画法。"著有《十砚斋集》《快晴小筑词》等。

② 文嘉（1501—1583），字休承，号文水，江苏苏州人。明代著名书画家文征明次子，初为乌程训导，后为和州学正。能诗，工书，精于鉴别古书画，善画山水，为吴门派代表画家，传世作品有《岩瀑松涛》《江月笛韵图》等，著有《续云烟过眼录》《钤山堂书画记》和《和州诗》等。

③ 余集（1738—1823），字蓉裳，号秋室，浙江杭州人。清乾隆三十一年（1766）进士，受翰林院编修，参与修撰《四库全书》，时与邵晋涵、周永年、戴震、杨昌霖有"五征君"之称。累官至侍读学士。工诗文、书画，有"三绝"之称，所绘仕女尖脸樱口，削肩柳腰，风神静娴，人称"余美人"，传世作品有《秋闺思妇》《卿须怜我图》等，著有《忆漫庵剩稿》等。

④ 吴湖帆（1894—1968），初名翼燕，字遹骏，更名万，字东庄，

妻潘静淑故后又更名倩，号倩庵，别署丑簃、梅景书屋主人等，书画作品则署湖帆，江苏苏州人。吴大澂孙。收藏宏富，善鉴别，山水从"四王"，海派绘画名家，为近代画坛重要画家。著有《梅景画笈》《吴氏书画记》等。

⑤ 潘静淑（1892—1939），名树春，以字行，江苏苏州人。出身簪缨世家，曾祖潘世恩，祖父潘曾莹，伯父潘祖荫，父亲潘祖年。画花卉，行楷尤精绝，民国四年（1915）适吴湖帆，伉俪二人琴瑟相合，有"管赵"之誉。

笺　释

此笺为吴湖帆录小词三阕，分别为刘锡嘏、文嘉及余集所作。原词题于明代仇英所绘《柳阴倦绣图》上，该画曾为吴湖帆所收藏。吴湖帆所著《吴氏书画记》第四册著录有《明仇实父柳阴倦绣图轴》，全文如下：

　　夫婿封侯苦恨迟，陌头杨柳又垂丝。杏花燕子春无赖，正是侬家倦绣时。实父仇子为敏斋朱君写美人，五峰弟为补坡石。一日持以见示，休承文嘉为题诗以归之，癸酉上巳日题于玉磬山房。

　　惆怅芳春已较迟，闺中云鬓乱于丝。不知车骑铭功日，可是连波悔过时。依休承韵题，请暎山大兄鉴政。秋室余集。

　　小院春来花雨过。薄雾空夜锁。一片画中诗，倚树微吟，不耐春寒坐。　　依稀翠影眉痕度。若个能猜破。蓦地上心来，打叠鸳衾，今夜和衣卧。调寄《醉花阴》，题请暎山前辈正之。馆侍刘锡嘏。

吴氏一门自吴湖帆祖父吴大澂起即收藏宏富，字画彝鼎，琳琅满目，殁后所藏珍品多归吴湖帆。吴湖帆继承祖父所藏同时，又兼得外祖父沈树镛所藏书画。民国四年（1915），潘静淑嫁给吴湖帆，又携来部分潘家旧物作为陪嫁，其中包括潘祖年藏宋拓欧阳询《化度寺塔铭》《九成宫醴泉铭》《皇甫诞碑》三帖。是故吴湖帆以一子之身，集吴、沈、潘三家收藏之妙，一时为人艳羡无比。吴湖帆得宋拓三欧之后，又因其家自藏有宋拓欧阳询《虞恭公碑》，遂颜其斋为"四欧堂"，并依次为子女起名为孟欧、述欧、思欧和惠欧，以应"四欧"。

民国十一年（1922），适逢潘静淑三十岁生日，是年辛酉，恰与宋景定年刻本《梅花喜神谱》的干支相合，潘祖年遂以家藏宋刻《梅花喜神谱》相赠。吴氏夫妇得此本后，即以"梅影书屋"颜其斋，并作《梅影书屋图》分咏其盛。潘景郑跋语中"梅影旧庐"之谓即缘于此。

吴、潘两家皆苏州世家旺族，两姓渊源颇深，世代姻亲。吴大澂居家读书时，即与潘遵祁等往来甚密，中探花后，又与潘祖荫时相过从，结为至交。潘遵祁四子潘睦先娶吴大澂三女，潘祖年则娶吴大澂之弟吴大衡之女，而吴湖帆则娶潘祖年之女潘静淑。潘景郑为潘祖同之孙，按照辈分，当称呼潘静淑为姑母，故潘老题记中，起首即称"湖帆姑丈"。

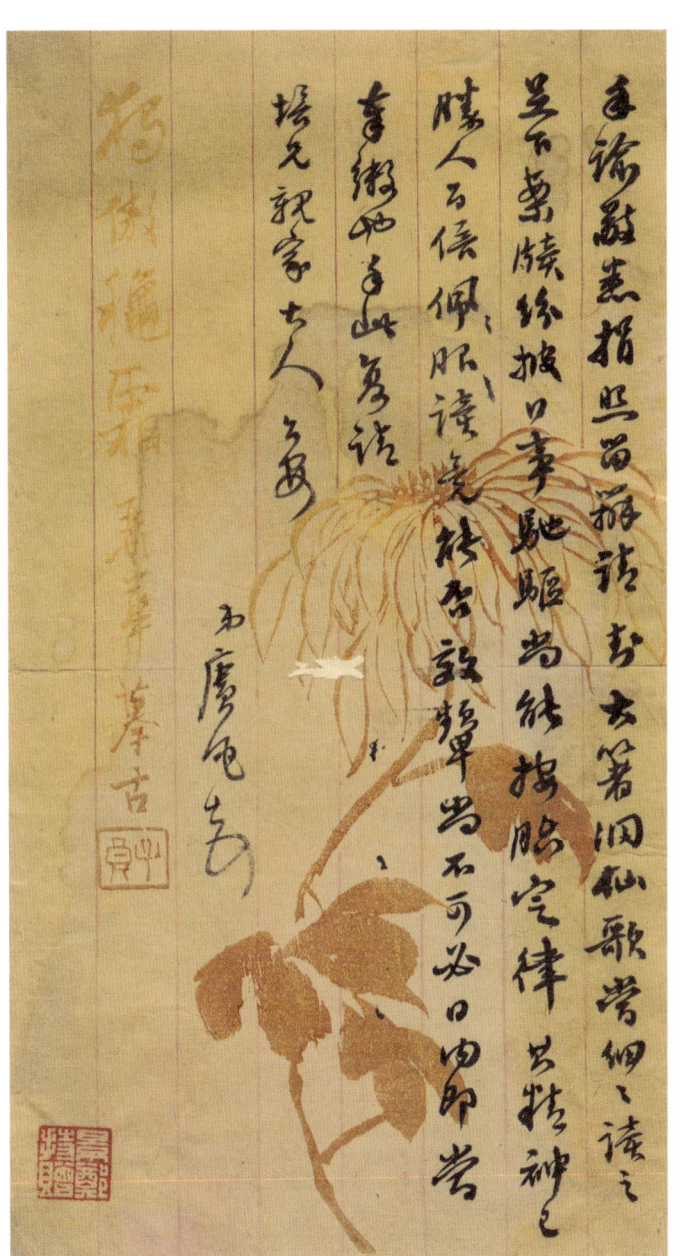

吾吳前輩許玉瑑先生原名廣鑑字鶴巢少受知於馮林一先生遂謝事清貧
甲午移鄉薦累上春官不第留寓京師入貲為中書全人罷侍讀鎮外刑部郎中屢充
玉牒實錄館諸差入詞館值仲午叔祖受業其門晚年遂蘇廣不濟鎮辛
耕綠老先妹祖考科舉時契高詩鈔行邁其文稿友日記顏曰婿胡溯文玉緒家
胡文遊世此流入市厘全為收內若干種未及編漉遂夫此礼益政同邑陳
培之笑之偉者陳夕為南園子弟情咸為玉近王官山戶郎年著述表窗
儲刊城殿經軍此一稱俯無未傳兩生之時吾吳碩儒撝暫著述蓋彥君小事業
各山事業全人與數百千滾轰浮生二級鄉頌姒水寬所旨視年故奉
遙梅菊收諸錦編以柏鄉獻乃女乙未臘八月色胡早儒兮鄭誠行囊
鄉獻詩與潮者山風雨久圀殘逝水兮漏之撮百歲飄流塵尚
拾點庁翔偉在一夢似邯鄲長護史辛報紙帳穩高眠稅甚
調考太學刋　寗厓詞人志是件

释　文

手谕敬悉，指照留办。请封。大著《洞仙歌》，当细细读之。足下案牍纷披，口事驰驱，尚能按腔定律，其精神已胜人百倍，佩服佩服。读竟能否效颦，尚不可必，日内即当奉缴也。手此，复请

培兄[①]亲家大人台安。

弟赓飏[②]顿首

钤：景郑持赠

题记：

吾吴前辈许玉璂先生原名赓飏，字鹤巢，少受知于冯林一[③]先生，遂师事之。清同治甲子登乡荐，累上春官不第，留寓京师，入赀为中书舍人，署侍读，签分刑部郎中，历充玉牒实录、会典馆诸差。工诗古文词，先仲午叔祖[④]受业其门。晚年返苏，居木渎镇，笔耕终老。先叔祖为刊其《诗契斋诗钞》行世，其文稿及日记藏女婿胡绥之丈玉缙[⑤]家。胡丈逝世后，流入市廛，余曾收得若干种，未及携沪，遂失去矣。此札盖致同邑陈培之先生倬者，陈先生为南园高弟，清咸丰己未进士，官至户部郎中，著述甚富，仅刊成《殻经笔记》一种，余悉未传。两先生皆吾吴硕儒，惜皆著述零落，名山事业（名山事业）令人兴叹。百年沧桑，得此一纸，乡贤鸿爪，宜所重视耳。敬奉逸梅翁收诸锦编，以存乡献

何如。

己未腊八日，邑后学潘景郑识

乡献诗契溯名山。风雨久雕残。逝水去潺潺。怅百岁、飘流尘间。　　行囊检点，片羽幸在，一梦似邯郸。长护更辛艰。纸帐稳、高眠枕安。

调寄《太常引》。

寄沤词人未是草

钤：景郑题记、景郑、己未七三翁

小　注

① 陈倬（1825—1881），字培之，号杏篆、篱庵，先世安徽人，入籍江苏苏州。少熟《文选》，能背诵，师从陈奂，深于经学。清咸丰九年（1859）进士，同治元年（1862）主讲上海广方言馆，光绪初年充实录馆校对官、译校官，官至户部郎中。著有《叚经笔记》《今韵正义》《隐蛛庵集》及《香影余谱》等。

② 许玉琢（1827—1893），原名赓飏，字虞臣，更字起上，号鹤巢，江苏苏州人。许兆熊子，冯桂芬弟子，陆润庠师。同治三年（1864）举人，官内阁中书，署侍读，转刑部郎中。有《草心吟馆骈体文》《诗契斋诗钞》《诗契斋词钞》等。

③ 冯桂芬（1809—1874），字林一，又字梦奈，号景亭，晚号怀叟、邓蔚山人，江苏苏州人。清道光二十年（1840）榜眼，授翰林院编修，历任顺天乡试同考官、广西乡试正考官、教习庶吉士

等职。近代思想家，曾在上海设广方言馆，培养西学人才，为改良主义先驱人物，最早表达了洋务运动"中体西用"的思想。著有《显志堂稿》《校邠庐抗议》等。

④ 潘祖年 (1870—1925)，字仲午，号西园、梦营主人，江苏苏州人。潘曾绶次子，潘祖荫弟，潘静淑父，吴湖帆岳父，叶昌炽弟子。官刑部云南司郎中，派于福建司行走。擅吟咏，著有《拙速诗存》。

⑤ 胡玉缙（1859—1940），字绥之，江苏苏州人。光绪十七年（1891）举人，曾官湖北知县，入张之洞幕，尝赴日本考察政艺，后历任京师大学堂、北京大学教授，通文字、音韵之学，著有《说文旧音补注》《甲辰东游日记》《许庼学林》以及《四库全书总目提要补正》等。

笺　释

　　此为许玉瑑致陈倬便笺一通，内容涉及填词韵事。陈倬有词集《香影余谱》，许玉瑑尝为之作序："今培之以服郑之学，贾董之才，而夺艳齐梁，希踪姜史。叩如桐石，辄自应声；舞若桑林，自然中节。霓裳奏出，本听风听水而来；盐杖敲时，有一柱一弦之妙。虽愁苦之易工，殆才华之独擅耶？……"序中有小注："贤配为内子中表姊妹。"故知二人有姻亲关系。

　　《晚晴簃诗汇》收录许玉瑑诗作六首，诗话录潘祖年语："先生居上斜街，老屋三楹，拥书数万卷，座右置盆花，列酒器，吟啸其间，虽仕亦隐，立品端介。书学鲁公，骈文、倚声，无不入妙。即以诗论，气格高古，蕴寄深微。"

许玉瑑之父许兆熊有藏书室石契斋，许玉瑑诗、词、文集皆以"诗契斋"命名，或有追思先人之意。《诗契斋诗钞》及《诗契斋词钞》皆有刻本行世，文稿则仅有钞本传世。潘老题记云文稿及日记曾藏于女婿胡玉缙家，后流入市廛，虽曾一度收得，嗣后却又失去。

《诗契斋骈体文钞》亦由胡玉缙整理校订，曾于1940年选定59篇交付梓人，未久胡下世，藏书悉散。胡玉缙与同乡王欣夫交游甚笃，殁后遗稿由王欣夫整理成书。王欣夫捡得胡玉缙整理之《诗契斋骈体文钞》残卷，始知书稿所交付之梓人，乃中街路马姓刻字店。《蛾术轩箧存善本书录》详记此事："始知丈交中街路马姓刻字店承刻，先刻成二三卷送校，故底稿得留在家，急往马姓店寻问，则阅时已久，其店主作古，店已收歇。已刻三卷，板片斯以为薪矣。原稿遂失，为之嗟叹不已。"

《蛾术轩箧存善本书录》尚附录有胡玉缙跋语，亦言及许玉瑑书稿事："呜呼！外舅许先生捐馆三十年矣。癸丑，潘君仲午辈为刊其诗五卷。乙卯，缙又刊词六卷，本拟续刊文集，以他故中止。先生之殁也，时顾丈皞民署福建台湾布政使，得耗，即贻书缙将遗稿蒐葺编录寄刊。……"

今检《中国古籍善本总目》，著录有《诗契斋骈体文钞》两部，一为稿本残卷，今藏上海图书馆，另一为钞本，今藏南京图书馆。

缦翁尊兄先生阁下方举

兹奉无干学乃荷

府公得公函自必

为则必有深意存

欣甚如命俦或寒笔

诸品过爱越感殊深

台示益公函教毒一

顷诵

尊意以为何如手渡数语

为兹似不宜自炷在

诚弟仁弟台大人大留如心先辰

衣

馮夢驄字仲良號展雲廣東番人清道光二十四年進士散館授編修官至

陝西延榜羅寻同治著有繡伽南館詩稿行世此札蓋玖歸安陸心源

字剛甫一字潛園端在為清咸豐舉人光緒間官至福建鹽運使藏書

穹著有皕宋樓藏書志儀顧堂集等并輯刊十萬卷樓叢書為唐宋以下藏書

家借身沒藏弄精年扃入日本靜嘉堂文庫此札稱陸為仁弟兩君殆均與見

例兩人皆房金蘭之契焉其手蹟无由而署款卻不易識其笀見學者其家

書一每因分辨篇馬庚申新正十六檢閱送梅蕎君語聊備稽花

閉宋葡園庁鮮鑄本万年新詞館猶當寫要氏堪誌

紙帳銅瓶深籃篭

調笀南鄉子

寧庵詞人王草

人文之一潘蒸鄰記於滬上西泠寓樓時年七十有四

释　文

　　顷诵台示并公函，敬悉一一。骥①素无才学，乃荷诸公过爱，惭感殊深。府公得公函，自必欣然如命，倘或寂然，则必有深意存焉。骥似不宜自炫，在尊意以为何如？手复，敬请

诚翁仁弟台大人大安。

如小兄骥顿首

缦翁处乞转致为幸。

　　钤：景郑持赠

题记：

　　冯誉骥字仲良，号展云，广东高要人，清道光二十四年进士，散馆授编修，官至陕西巡抚罢，寻开复，著有《绿伽南馆诗稿》行世。此札盖致归安陆心源②者。心源字刚甫，一字潜园，号存斋，清咸丰举人，光绪间官至福建盐运使，藏书极富，著有《皕宋楼藏书志》《仪顾堂集》等，并辑刊《十万卷楼丛书》，为清季一大藏书家，惜身后藏弆精本流入日本静嘉堂文库。此札称陆为"仁弟"而自署"如小兄"，则两人当属金兰之契焉。其手迹不多见，而署款颇不易识别，先兄③曾得其家书一册，因得辨审焉。庚申新正十七日，检奉逸梅翁存诸，聊备翰苑人文之一。

潘景郑记于沪上西康路寓楼，时年七十有四

　　皕宋兰因。片鳞锦字百年新。词馆犹留高要氏。堪志。

纸帐铜瓶添箧笥。

调寄《南乡子》。

寄沤词人呈草

钤：景郑寄痕、景郑倚声、庚申七四翁

小　注

① 冯誉骥（1822—1884），号卓如、得人、钝翁、崧湖，广东肇庆人。道光二十四年（1844）进士，二十六年任广西乡试主考官，咸丰四年（1854）以侍读督学湖北，同治十二年（1873）以少詹事任福建学政，累官至陕西巡抚，遭议致仕，侨居扬州卒。善书画，岭南人多宗之。著有《绿伽楠馆诗存》。

② 陆心源（1834—1894），字刚父、刚甫，号存斋，晚号潜园老人，浙江湖州人。咸丰九年（1859）举人，官至福建盐运使。有皕宋楼，藏书极富，为晚清四大藏书楼之一。有《皕宋楼藏书志》传世。去世后，藏书由其子售予日本岩崎氏，岩崎以此为基础建立静嘉堂文库。著作颇富，汇为《潜园总集》。

③ 潘承厚（1904—1943），字温甫，号少卿、博山、蘧庵，江苏苏州人。曾任故宫博物院顾问，工书画，精鉴赏，与弟潘承弼共有宝山楼藏书。著有《毛子晋年谱》《文征仲年谱》《蘧庵遗墨》等。

笺　释

潘老题记称冯誉骥"官至陕西巡抚罢"，事在光绪九年

（1883）。是年十月，御史刘恩溥奏参冯誉骥自光绪五年由刑部侍郎出任陕西巡抚以来，广收馈赠，贿赂公行，且任用私人，不加约束，致使全省政治腐败，百姓怨声载道，请求派员严行查处。朝廷遂派户部尚书额勒和布、张佩纶前往查办。二人查证后回奏，指冯誉骥自任巡抚以来，虽无贿赂公行确证，但未能屏绝馈赠、约束家丁属实，兼查得陕西境内多位官员政声低下，最后以吏治、征徭、税捐、垦荒诸要政均任用非人，粉饰废弛等罪，于当月将冯誉骥开缺交部议处，未久革职，嗣后由江西布政使边宝泉继任陕西巡抚。斯事详载于张佩纶《涧于集·奏议五》。

冯誉骥初到陕西为官时，在左宗棠笔下另有一番表述。《左宗棠全集·奏稿》中，有左宗棠于光绪六年十二月二十四日所奏《行抵西安起程北上日期折》，折中记述察看陕西民情事，有云："臣自肃州径抵西安，沿途老幼聚观，乞钱求食者甚少，啼饥号寒者则竟无之。入陕境后，土沃民殷，尤有承平景象。抚臣冯誉骥孜孜求治，诚心爱人，由其道而恢张之，日臻上理，固无疑也。"《左宗棠全集·书信三》又有光绪七年《答冯展云》，谓："种树、开渠、农桑、学校，古之言治者，莫或遗之，而今则不复讲求，徒敝精神于簿书、文法之间，以为吏干如是，而期有合于古，不已难哉！公言及此，秦民之福也。"

事实上，陕西自然条件恶劣，灾荒频仍，冯誉骥有见于此，提出仿朱子社仓，创建陕省社仓，并于光绪六年实施，计有一千六百余处，令富户多捐，中户少捐，下户免捐，所捐均暂存于各乡附近公所，由绅耆经理，不准假手胥吏，且责成地方官年终盘验。光绪六、七年间，受灾各乡均得拨发口粮。《皇朝道咸同光奏议》中收录有其所奏《陕省劝建社仓已有成效疏》，可知详情。

综合观之，冯誉骥约己尚可，束下不严或是实情。然潘老题记中又称冯誉骥"官至陕西巡抚罢，寻开复"，或为误记。冯氏于是年十月被参，当月即遭革职，侨居扬州，次年卒于扬州，当无开复事。

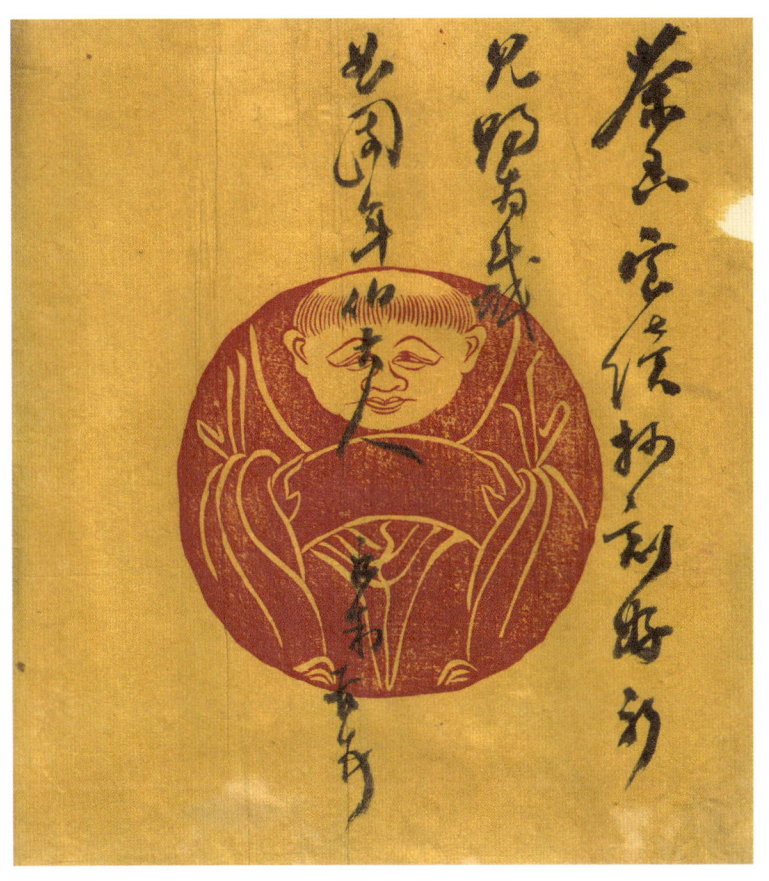

七　潘祖荫致俞樾

释　文

《茶香室续抄》刻好，祈见赐为感。

曲园①年伯大人

如弟荫②顿首

题记：

右先郑庵叔祖致俞曲园先生短笺一帧，检自返笈丛残中。逸梅先生搜罗前人简札至富，虽更尘劫，古欢未衰，乡间耆彦，同客沪壖，肩随请益，匡我良多，奉此帡珍，并赘俚词，聊结墨缘，并请教正。

己未九月既望日，潘景郑识于沪滨西康路寓楼

卅载苔芩江岸侣。尘梦如飞絮。锦字久琳琅，纸帐铜瓶，坐拥逍遥处。　　忘年许我随肩步。同梓桑情绪。砚羽帡珍看，滂喜俞楼，点滴留芳杜。

调寄《醉花阴》。

寄泅呈稿

钤：雪泥鸿爪、己未七三翁、景郑题痕、景郑倚声

小　注

① 俞樾（1821—1907），字荫甫，号绚岩、中山，晚号曲园，浙江德清人。道光三十年（1850）进士，散馆授编修，曾任河南学政，罢官后侨居苏州，主讲紫阳书院，主持杭州诂经精舍

三十余年，曾办浙江书局。长于经学和诗词、小说及戏剧研究，后世尊为朴学大师。俞平伯曾祖。著有《群经平议》《诸子平议》《茶香室丛钞》等，汇为《春在堂全书》。

② 潘祖荫（1830—1890），字伯寅，小字东镛、凤笙，号郑庵，谥文勤。潘景郑叔祖。清咸丰二年（1852）探花，授编修，入直南书房近四十年，官至工部尚书，入直军机处，通经史，精书法，收藏古籍金石甚富。著有《郑庵诗文存》《芬陀利室词》等，辑刊《滂喜斋丛书》《功顺堂丛书》。

笺 释

茶香室原本为俞樾夫人姚氏居室名，姚氏卒于光绪五年（1879）夏。俞樾与夫人伉俪情深，是年冬葬夫人于杭州西湖边，又于墓旁隙地筑屋三楹，命名为"右台仙馆"，卧室署为"茶香室"，以寄幽思。姚氏故去后不数年，俞樾长子、次女先后下世，老怀索寞，精力益衰，自言不能复事著述，而块然独处时又不能不以书籍自娱，遂"偶踬夫人故智，遇罕见罕闻之事，亦以小纸录出之。积岁余得千有余事，不忍焚弃，编纂成书。……书成，名之曰《茶香室丛钞》。谓是吾之书可也，谓是夫人之遗书亦可也"。

该丛钞内容涉猎广泛，征引赅博，多有难得史料，兼有俞氏按语，见解通达，文字简约。素以刻薄著称的李慈铭评价该书时，亦称其可资异闻，并谓"俞氏所引杂记俱颇有考据"。今人研究小说、戏曲考证部分，多有引此书。

《茶香室丛钞》凡四集，计有《茶香室丛钞》二十三卷、《续钞》二十五卷、《三钞》二十九卷、《四钞》二十九卷，自光绪九年（1883）陆续刻成，其中《续钞》刻于光绪十年，潘祖荫此札当即此年书就。

俞樾半生凭屋而居，晚年始买地建宅，颜之以"春在堂"。该堂号缘自道光三十年（1850）俞樾参加殿试时所赋诗句："花落春仍在，天时尚艳阳。"此诗被曾国藩定为第一名，俞樾亦因此而对曾国藩终生感激，春在堂落成后，还特意请曾国藩为之题匾。春在堂后有小园，因状如曲尺，故命名为曲园，取"曲而全"之意，晚年的俞樾自此更号曲园，学界多以曲园先生称之。又，曲园位于苏州市马医科巷，原为潘世恩旧宅的一部分，而俞樾、潘祖荫翰墨因缘之外，尚有此"通家之谊"。

八

朱祖谋致王秉恩

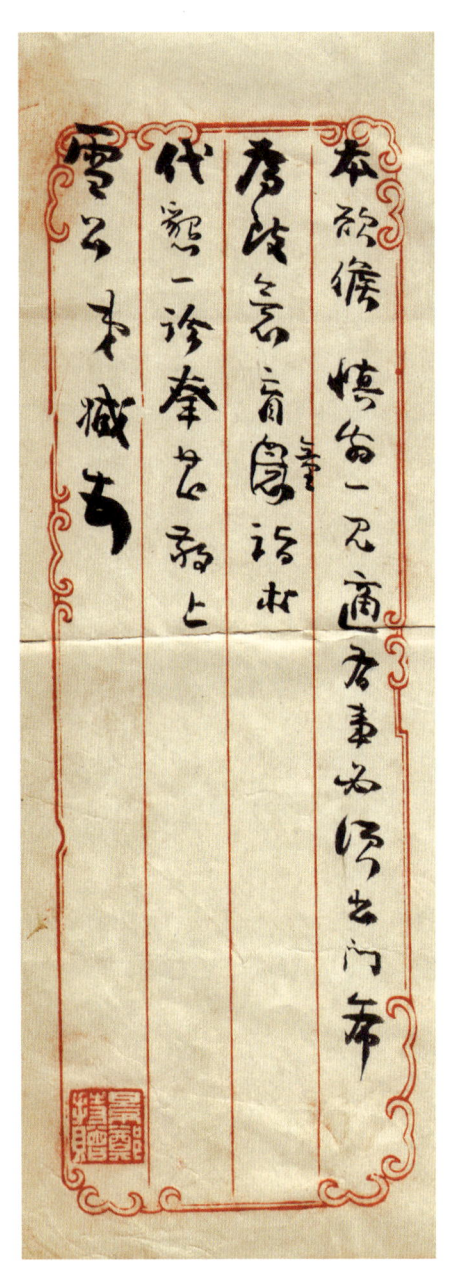

疆村翁以一代词宗，得梦窗微婉之旨，发为词人，秦柳之思，苏辛之偶余每读

音之冠冕，惟翁疑晦其风采，钎闲绪论之，以率抵大三字为学词斗绳中心藏之

杇日起之极，以绵綴岁年少偶好绮陌，浮溪乐章英之间，俚词桃内辛而侪辈雅顺

书正者，惚忽五十年，噉嘡数千辛不足入大雅之堂，老句之感，深负前修之明训，梅菜友夫

翁辑疆村丛书，集宋元之大成，当千古不朽之业，某南望夫，雅翁下世，今逾四十年，词

学陵夷，景止摘庄内翁宁德序，宜表书球襟之珍苟，孝校之柰及雪堂词系余尝以

嘉業楼史学已於卅年前诸合众图书馆公之矣，书永任词馀既掇别散失弥盖英

可胝録去止柈，盖政王雪岑先生偶望彦志中椎为之印章，遂柏翁

收入某研中以新长袋刑著新歳梓盤，献唐甲新山言潘景邺识

吟军词坛冠冕三字澌，速无典锴辑欿谢千岑，业勘取丹黄编

调考爾中花　尝沙椆缱谂顷凤两揽残莞侃气欢借技祝帳襄尔葭虚心顺

序初

守居诃人吳橚

释　文

　　本欲候慎翁一见，适有事必须出门，希为致意。盲童诣求，代恳一诊，幸甚。敬上

雪公①

　　　　　　　　　　　　　　　　　　　　弟臧②顿首

　　　钤：景郑持赠

题记：

　　彊村翁以一代词宗，得梦窗微婉之笔，发诗人黍离之思，暮年语业无愧沧海遗音之冠冕。仆弱冠时获聆风采，拜闻绪论，谆谆以"重拙大"三字为学词准绳。中心藏之，何日忘之。顾以绿鬓年少，偏好绮丽，浸淫乐章、清真之间，俚词佻句，卒不能奉雅颂为正音。倏忽五十年，呓语数千章，不足入大雅之堂，老而无成，深负前修之明训，悔莫及矣。翁辑《彊村丛书》，集宋元之大成，为千古不朽之业，无间然矣。距翁下世，今逾四十年，词学陵夷，景止犹在，得翁零缣片羽，宜亦当球璧之珍。翁手校《史》《汉》及零星词集，余曾得其数种，《史》《汉》已于卅年前赠诸合众图书馆，今当护持永保，词集数种则散失殆尽，莫可踪迹矣。此短简盖致王雪岑先生秉恩者，偶从废书中检得之，即奉逸梅翁收入集册中，以蕲长护，聊当新岁椒盘之献。

　　　　　　　　　　　　　　　　庚申新正二日，潘景郑识

吟笔词坛冠冕。三字津途垂典。巨辑琳琅千古业，勘取丹黄遍。　　片羽留鸿犹缱绻。怕风雨、摧残芳婉。好乞取、借枝瓶帐里，永护随心愿。

调寄《雨中花》。

寄沤词人呈稿

钤：景郑跋语、景郑填词、庚申七四翁

小　注

① 王秉恩（1845—1928），字雪澄，亦作雪澂、雪尘、雪岑、息存，晚号茶龛，四川成都人。同治十二年（1873）举人，官至贵州按察使。深得张之洞器重，曾任广雅书局提调。工书法，善行隶，富藏书。著有《养云馆诗存》等。

② 朱祖谋（1857—1931），原名孝臧，字藿生，一字古微，号彊村、沤尹、上彊村民、沤道人等，浙江湖州人。光绪九年（1883）进士，官至广东学政，民国间寓居上海。初以诗名，结识王鹏运后，弃诗专词，与况周颐、王鹏运、郑文焯并称晚清四大词人。著有《彊村语业》，又校刻《彊村丛书》，编有《国朝湖州词录》等。

笺　释

晚清词坛有"四大家"之称，即王鹏运、况周颐、朱祖谋、郑文焯。而"重拙大"最早由王鹏运提出，后经况周颐发扬光大。

况周颐于《餐樱词自序》中称："己丑薄游京师，与半唐共晨夕，半唐于词夙尚体格，于余词多所规诫，又以所刻宋元人词属为斠雠，余自是得窥词学门径。所谓重拙大，所谓自然从追琢中出，积心领而神会之，而体格为之一变。"又于《蕙风词话》卷一中总结为："作词有三要，曰重、拙、大。南渡诸贤不可及处在是。"

王鹏运去世后，朱祖谋成为词坛领袖。叶恭绰《广箧中词》称："彊村翁词结清季词学之大成，公论翕然，无待扬榷。余意词之境界，前此已开拓殆尽，今兹欲求于声家特开领域，非别寻途径不可。故彊村翁或且为词学之一大结穴。"然朱祖谋四十岁之前素以诗名世，光绪二十二年（1896）于京师结识王鹏运后，始转而致力于词，并受王鹏运影响极深，是故王鹏运倡导之"重拙大"亦为其所接受，并传诸后学。

潘老题记中所云《彊村丛书》乃晚近辑刻词学丛书中收录词集最多者，共收一百七十七种，其中总集五种，分别为《云谣集》《尊前集》《乐府补题》《中州乐府》及《天下同文》，别集一百七十二种，每种注明采辑版本来源，以稀见善本为主，集后多附有朱祖谋校勘记。该丛书先后三次刻印，初刻于民国六年（1917），其后两次刊刻均有补充修正。

清朝结束后，朱祖谋与王秉恩皆寓居上海，往来频密，时人日记中记雅集事，多载二人同席唱和。彼时沪上先后有超社、逸社等多个文学团体，成员多为前清遗老，朱、王皆在其中。民国十二年（1923），罗振玉、徐乃昌、刘承幹、朱祖谋、王秉恩等二十余人又联名发起成立东方学会，以研究东方三千年来之文化为宗旨。王秉恩藏书颇富，藏书处有强学簃及养云馆，朱祖谋汇辑《彊村丛书》时，或亦曾往相借。

　　潘老题记言及"翁手校《史》《汉》及零星词集，余曾得其数种，《史》《汉》已于卅年前赠诸合众图书馆"，2015年某拍卖公司上拍朱祖谋批校本，恰好是《史记》零本，钤有"景郑藏书"藏书印，兼有潘老题识，谓以"五十元购之"。

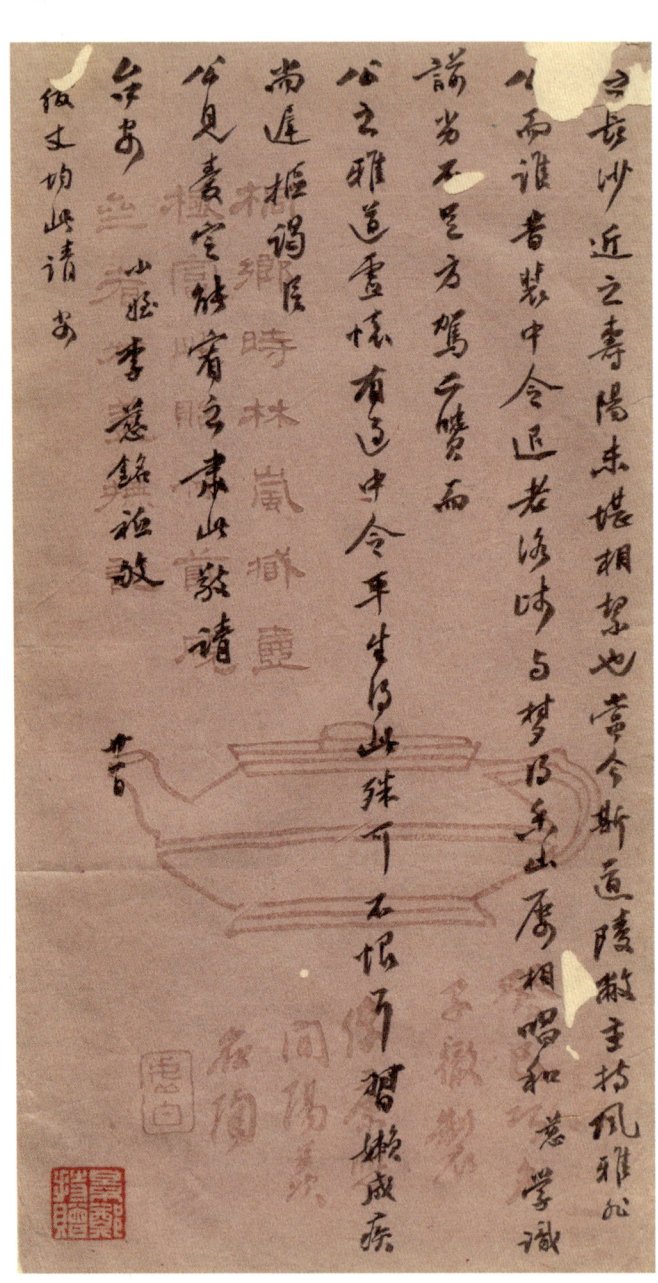

只长沙近之寿阳未堪相望也堂今斯道陵敬主持风雅乃
乃而谁者装中令迅若涂时与梦乃年此属相唱和慈学识
谫劣不足方驾云赞而
恰云雅道虚怀有过中令平生所此殊可不恨所留缄戚疾
尚运枢词长时林嵐岳皇
弟见寡宦宿舟肃此敬请
台安　　小弟李慈铭祖敬
　敍文功此请书

李芝农老先生政先曾祖考讳荣公卒山尖大前率愦先生小房近士官山西道

監察御史心裁堂被廢用其才藻同著詞林詩文正宗而作趣造穹自死煙之錄

綱九為卜世研究先生与光季祖登先鄭康妹祖世澤浫染家藏天賦鹄干道先兄乃

出蒙藝成毋抗観於余傍稔於致通末遂許裘以甲款差限捨煙住殘篇而已

札中以蒙中舍喻先午祖而自此蒌得者山盖自負然那諸半事簡小附署後文者剏

稱先庭荒姊祖差邢午特才傲岸本骨不人與趙拘救若午同臺同時而颉頏

强蒼海妹赵为天水狂人而類去反舌相識畢午冰宸石客步束才士陋習實皆一朌

時人年先午遂宦名出世午父雅殘廢猶其嵺視諸廑遠梅約藏辛儓

而所斷简振諸馬毛南十百政迻其軟濤条鄭吟涞谋識

泥鴻殘羽尋鎬紆越緩錦鳴猶駐世戴戚經風雨蕭華業歸廔

孤飛著雁情千緣蒿起鄰赴午鵜蒙屆先稚住澤義曇苳之泼

調客桃源隱姒人 寧色沁人于枨

释　文

……之长沙，近之寿阳，未堪相絜也。当今斯道陵敝，主持风雅，非公而谁。昔裴中令退老洛师，与梦得、香山屡相唱和，慈①学识谫劣，不足方驾二贤，而公之雅道虚怀有过中令，平生得此殊可不恨耳。习懒成疾，尚迟抠谒，辱公见爱，定能宥之。肃此，敬请

台安。

小侄李慈铭祗敬
廿一日

绂丈②均此请安。

　　钤：景郑持赠

题记：

　　李莼客先生致先曾祖星翁公③手简，已失去前半帧。先生以名进士官山西道监察御史，以肃党被废不用，其才藻固著词林，诗文而外，所作《越缦堂日记》，煌煌钜编，尤为后世所重。先生与先曾祖暨先郑庵叔祖累世深契，家藏尺牍数十通，先兄曾为装袭成册。抗战后余续检得数通，未遑付装。戊申散笈，掇拾烬余，只此残简而已。札中以裴中令喻先曾祖，而自比梦得、香山，盖自负颇形诸笔墨。简后附署绂丈者，则称先绂庭曾叔祖是。顾先生恃才傲岸，不肯下人，与赵撝叔④先生同里同时，而龃龉殊甚，每称赵为"天水狂人"，而

赵亦反唇相讥，毕生冰炭不容，此亦才士陋习，实皆一时畸人耳。先生遗墨久为世重，此虽残齑，犹足珍视。谨奉逸梅翁藏弃，倘不以断简摈诸焉。

己未十二月既望日，吴县潘景郑呵冻谨识

泥鸿残羽寻缟纻。越缦锦鸿犹驻。卅载几经风雨。幕燕巢归处。 孤飞暮雁情千缕。惹起离愁无数。榆景流光虽住。深意苔芩护。

调寄《桃源忆故人》。

寄沤词人呈稿

钤：景郑题痕、景郑倚声、己未七三翁

小 注

① 李慈铭（1830—1894），初名模，字式侯，后更名，字爱伯，号莼客，别署霞川花隐生，室名越缦堂，晚称越缦老人，浙江绍兴人。光绪六年（1880）进士，官至山西道监察御史。所著《越缦堂日记》为"晚清四大日记"之一。

② 潘曾绶（1810—1883），原名曾鉴，字若甫，号绂庭，江苏苏州人。潘世恩第四子，潘祖荫父。道光二十年（1840）举人，官内阁侍读，以父年高致仕。工琴善书，尤以词名，自定稿极严。著有《陔兰书屋诗集》《陔兰书屋词集》及《绂庭日记》等。

③ 潘曾莹（1808—1878），字申甫，号星斋，又作心斋、惺斋，别号红雪词人。潘世恩第三子。道光二十一年（1841）进士，

官至吏部左侍郎。太平军起，受命督办江苏团练。长于史学，工诗词文辞，擅书画。著有《尚书讲义》《小欧波馆诗文集》《红雪山房书品》等。

④ 赵之谦（1829—1884），初字益甫，后字㧑叔，别字冷君，号悲庵，别署铁三、无闷等，浙江绍兴人。咸丰九年（1859）举人，官鄱阳、奉新、南城等知县。精书画篆刻，著有《补寰宇访碑录》《悲庵居士文存》等。

笺 释

此札乃李慈铭致潘曾莹，并代请问候潘曾绶者。李慈铭与潘氏一门往来颇厚，李慈铭入京捐官候补时，经周星誉引荐，得以结识潘曾莹、潘曾绶昆仲，并结为忘年之交。今检各处有关潘曾绶资料，多称其晚年独与李慈铭相往还，其去世后，墓志铭即由李慈铭撰写。

潘曾绶之子潘祖荫亦与李慈铭交厚，彼时李慈铭在京师颇为困窘，多得潘祖荫接济，每逢年节赠送粮米。潘祖荫辑刻丛书，亦多有请李慈铭校勘、作序等，并以身后之文相托。李慈铭撰《潘文勤公墓志铭》中述及二人交往始末："余自己未以选人入都，公时居海淀赐园，闻声致契，折节下交。庚癸之间，余穷悴不振，公亦贫甚，时或质衣致馈。余性狷急，小不可意，辄言触公，公久而益敬。及长户部，余为属官，形迹自嫌，往还几绝，而公岁时馈问，殷拳弥甚。"

李慈铭"性狷急"可谓公论，曾因率性与多人反目，《越缦堂日记》中月旦他人多有刻薄之语，其中最具代表性者，则是与赵之谦交恶事，《日记》中每每提及赵之谦，皆云"恶客""妄子""诞妄不学之人"等，无怪《清史稿》中称李慈铭为"性狷介，又口多雌黄"。

然赵之谦亦与潘祖荫交好。潘宅为京师文人常聚之地，而李、赵二人交恶之深，已达避不同席的地步。郑逸梅有《赵㧑叔与李莼客两贤相阨》一文，专记二人在潘宅避不同席事："文勤金石考据辄就商于㧑叔，而于诗文则殊佩越缦主人李莼客为不可及。故文勤于㧑叔、莼客倚为左右手者也。然㧑叔与莼客以学术上之争执，几为水火之不相容。文勤春秋佳日往往招集名流觞咏为乐，㧑叔知莼客在座避不来，莼客知㧑叔到席亦不至，参商不见者有年。"

李慈铭、赵之谦二人交恶事，与清初王渔洋、赵执信交恶事颇有一比。四人皆当时风流人物，或诗文、或书画，为众所称。李、赵二人是表兄弟，王、赵则为隔代姻亲，然虽为亲戚，却同样始密而后疏，李慈铭对赵之谦各种谩骂，赵执信则对王渔洋多有贬斥，然赵之谦和王渔洋对于被贬斥之事，皆鲜有回应，此亦相类也。

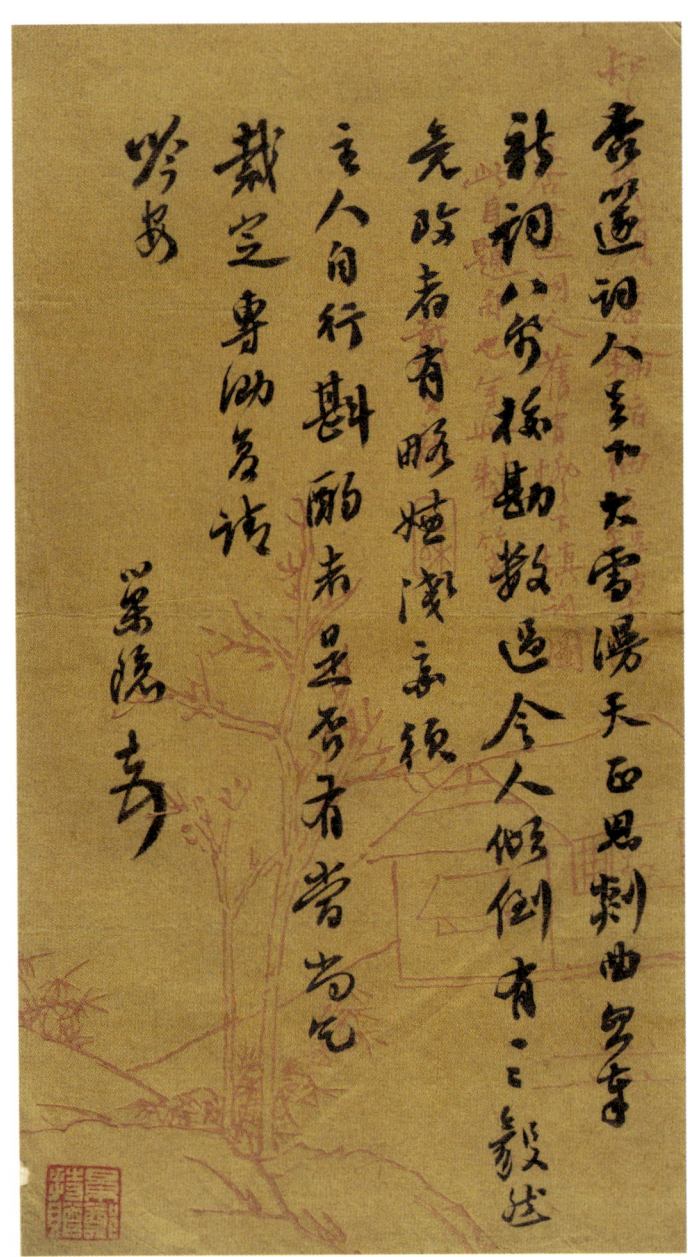

一〇 邹福保致陈倬

巢陔手笛一顷卯吾吴鄁沭者先生福康之别署先生登清光緒十二年榜眼授編修果遷玉

待詔學程卯歸鄉终老賀㕔百耐壯歲入政哥以歸里而於其於店埠便卷門首設百擽榜書録

畫先人遺篆棄儒習賈間應往來故家居間年利豊菽香書忤黨藏事書為那以出入利澗店㣲

松江韓氏諮有用書為以藏書者甲乙以歲起吾山人擗致玉沉百耐為之官吾南此藏家逅

竹言利勾為韓氏編辑藏書志稿洪為利行未成連圕以寄殿以年謚气陌菊生丈為看

紹入义又筬玉數年卯瑞卒風遊世卒六寸餘可陌韓氏藏書志稿以方金賣汯上海㫄書坊侯偃

苹苹千大方耐字有闕未紛百歸余識君於杭戴前歲時買書百擽樓往來玉久廬芒勒

其為沭者先生連访刋佗刀天以夫利可澗不服為先人题揭之業其遺稿今亦考所雅踬弟

之愀截寺札上欲暑吞遂洞人嘗卯緣諸之先生評述氏藏礼余眷年收好教百通紙

戉申之元娘暗弦耄若隆奉遠概翁為念傍存鄉贤選畢諱亲樂許為玉未臘月潘吴郇

百擽樓遥闊卅年拱擗架琳瑯庽風盯㮣教昰离倩者夢窒飛揖 喬木鄉直日

菁遽殘褒来門礼取敗棄収抵遺獻曾疢心者猶烺 傷㺪人 客庭

释　文

杏篴词人足下：

大雪漫天，正思剡曲，忽奉新词八纸，校勘数过，令人倾倒。有一二毅然竟改者，有略嫌浅率，须主人自行斟酌者，是否有当，尚乞裁定。专泐，复请

吟安。

巢隐[①]顿首

钤：景郑持赠

题记：

巢隐手简一帧，即吾吴邹泳春先生福保之别署。先生登清光绪十二年榜眼，授编修，累迁至侍读学士，旋即归隐终老。哲嗣百耐[②]，壮岁入政界，后归里，即于其所居塔倪巷门首设百拥楼书肆，尽出先人遗笈，弃儒习贾，间亦往来故家，居间牟利。吾族香雪草堂藏弆悉为所得，出入利润倍丰。松江韩氏读有用书斋以藏书著，甲子江浙战起，其后人捆载至沪，百耐为之介绍出售南北藏家，逐什一之利，后为韩氏编辑藏书志稿，谋为刊行，未成。建国后寓沪，以年谊乞张菊生[③]丈为介绍，入文史馆，不数年即病中风逝世，年六十余。所编韩氏藏书志稿以百金售诸上海图书馆，倏经廿余年矣。百耐无子，有四女，未知何归。余识君于抗战前，岁时买书百拥楼，往来至久，屡曾劝其为咏春先生遗诗刊传，顾君以无利可润，不暇为先人显扬之业，其遗稿今亦无可踪迹，为

之慨叹。此札上款署杏簃词人，当即陈培之先生倬。陈氏藏札余昔年收得数百通，经戊申之厄，狼籍殆尽。兹检奉逸梅翁为备，保存乡贤遗墨，谅所乐许焉。

己未腊月，潘景郑

百拥楼遥溯卅年，抚插架、琳琅处。风云聚散黯离情，春梦盈飞絮。　　乔木乡关日暮。凭残笺、朱门记取。败囊收拾，遗献留痕，心香犹炷。

《忆故人》。

寄泏

　　钤：景郑题痕、景郑

小　注

① 邹福保（1852—1915），字永偁，号咏春、芸巢、巢隐，江苏苏州人。光绪十二年（1886）榜眼，官至翰林院侍讲、洗马，曾主讲苏州学古堂及紫阳书院。藏书十万余卷，曾刊刻《范文正公集》和《范忠宣公集》。著有《懒云草堂诗文》《文钥》《芸巢书目》等。

② 邹百耐（生卒年不详），名绍朴，以字行，江苏苏州人。邹福保次子。

③ 张元济（1867—1959），字筱斋，号菊生，浙江海盐人。光绪十八年（1892）进士，散馆授刑部主事，后任总理各国事务衙门章京。参与"百日维新"，变法失败后被"革职永不叙用"。

光绪二十八年起任职于商务印书馆，直至去世。曾主持编辑《四部丛刊》《续古逸丛书》，校勘《百衲本二十四史》，著有《校史随笔》《涵芬楼烬余书录》等。

笺　释

邹百耐资料不多见，无以知生卒年。尝辑《云间韩氏藏书题识汇录》，前有自序云："余少随先侍讲京寓，国变南归。侍讲公著述之暇，辄喜考订群籍，命司整治之役，因得略识刊籍源流，顾未尝措意记述焉。厥后南北奔驰，不亲文史者数年。丁卯冬，家居无俚，挈榻书为易米计，与远近通人往还探讨，经眼既多，随谙甄别。"

郑逸梅《艺林散叶续编》有记邹百耐其人，以及开设书肆之细节："探花邹福保之子，性躁急，福保以'百耐'为字。中年游幕，既倦回苏，与屈伯刚合资设一书铺。后两人发生龃龉，百耐即在所居塔倪巷门前独设一肆，名百拥楼，以家藏书为基础。当时护龙街为旧书铺荟集之地，塔倪巷近护龙街也。停业后来沪，入文史馆，旋即中风去世，年六十有三。"

与邹百耐合设书肆者为屈伯刚（1881—1963），名爔，字伯刚，又字弹山，号是闲，苏州人，不仅与百耐在苏州合设百双楼书肆，还曾在京师设有穆斋书肆。屈伯刚尝作《设书肆于阊桥南戏占二绝》：

　　废基犹有再兴时，文学今荒言子祠。墨古书棚谁记得，剩怀嘉道老儒师。

　　谢家矮屋傍桥边，门限曾经踏履穿。四十年来寻旧梦，读书种子几薪传？

阁桥为旧时苏州地名，此书肆当即与邹百耐合设之百双楼。陈声聪《兼于阁诗话》有"阁桥书肆"一文，述屈伯刚事甚详。王謇《续补藏书纪事诗》中有"屈爔"其人，诗云：

　　外家纪闻祖庭记，密点精批巨箧传。自幼即通校雠学，名园谁结勘书缘。

诗下小注称其"南归后，又与邹百耐（绍朴）合设书肆于卧龙街，曰'百双楼'，皆为收书也"。

一

张曜致季和

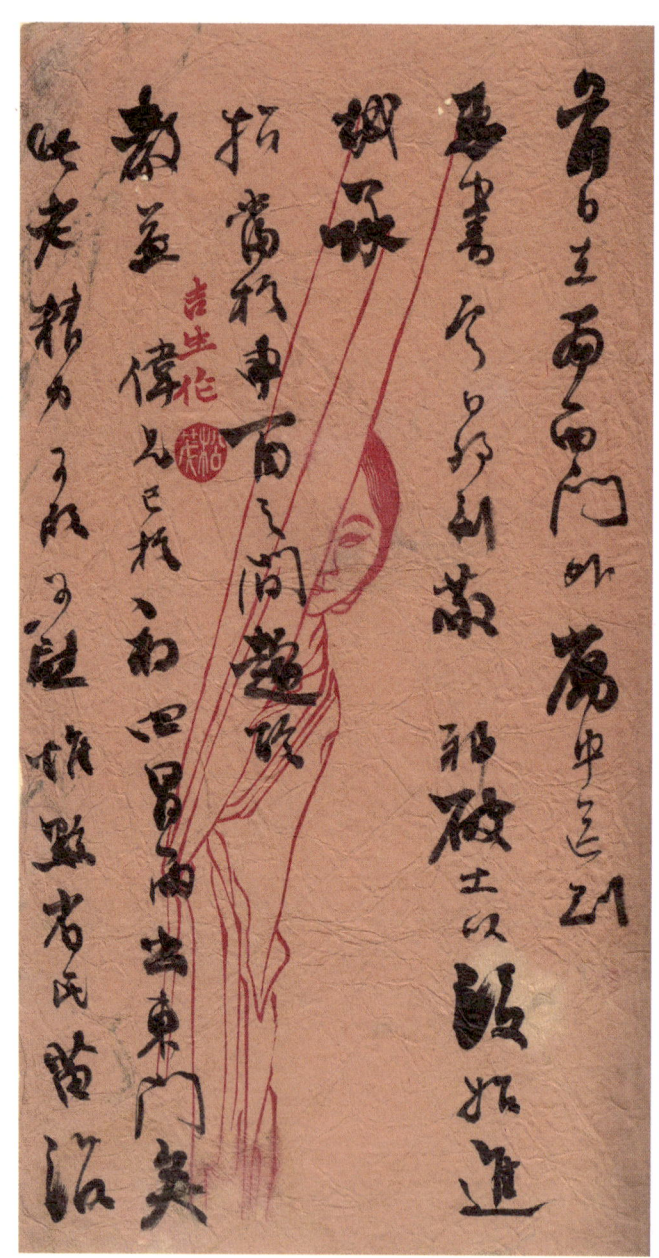

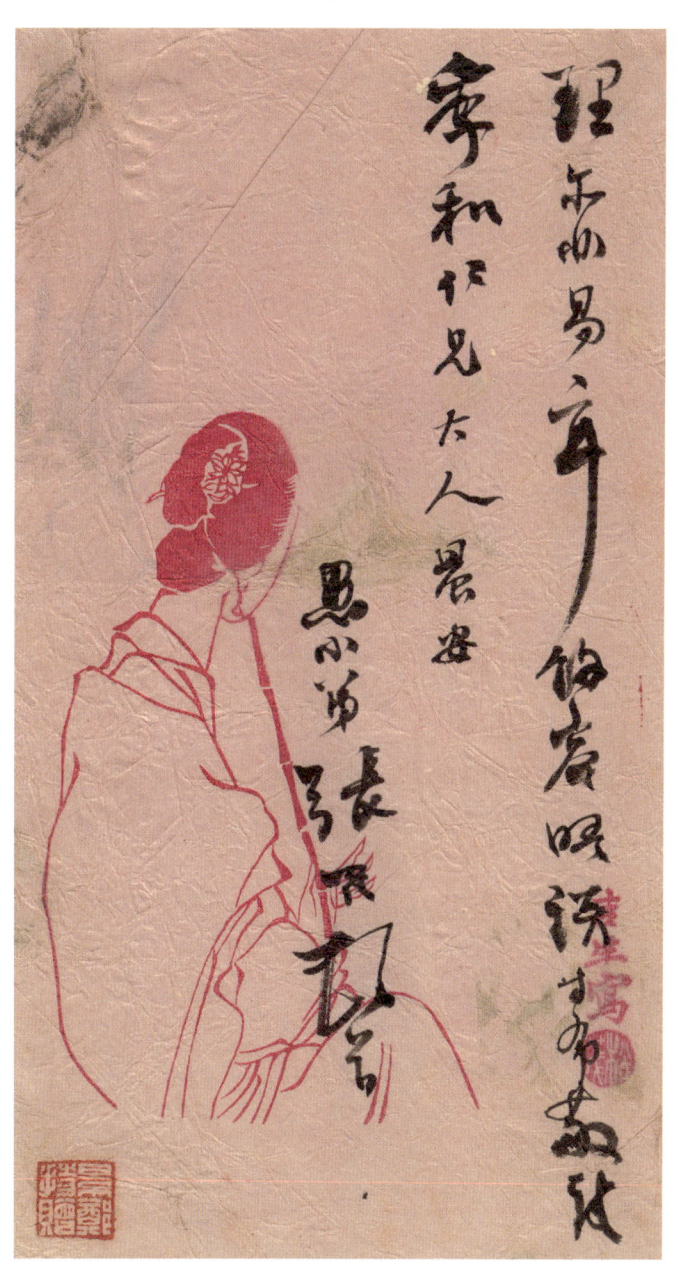

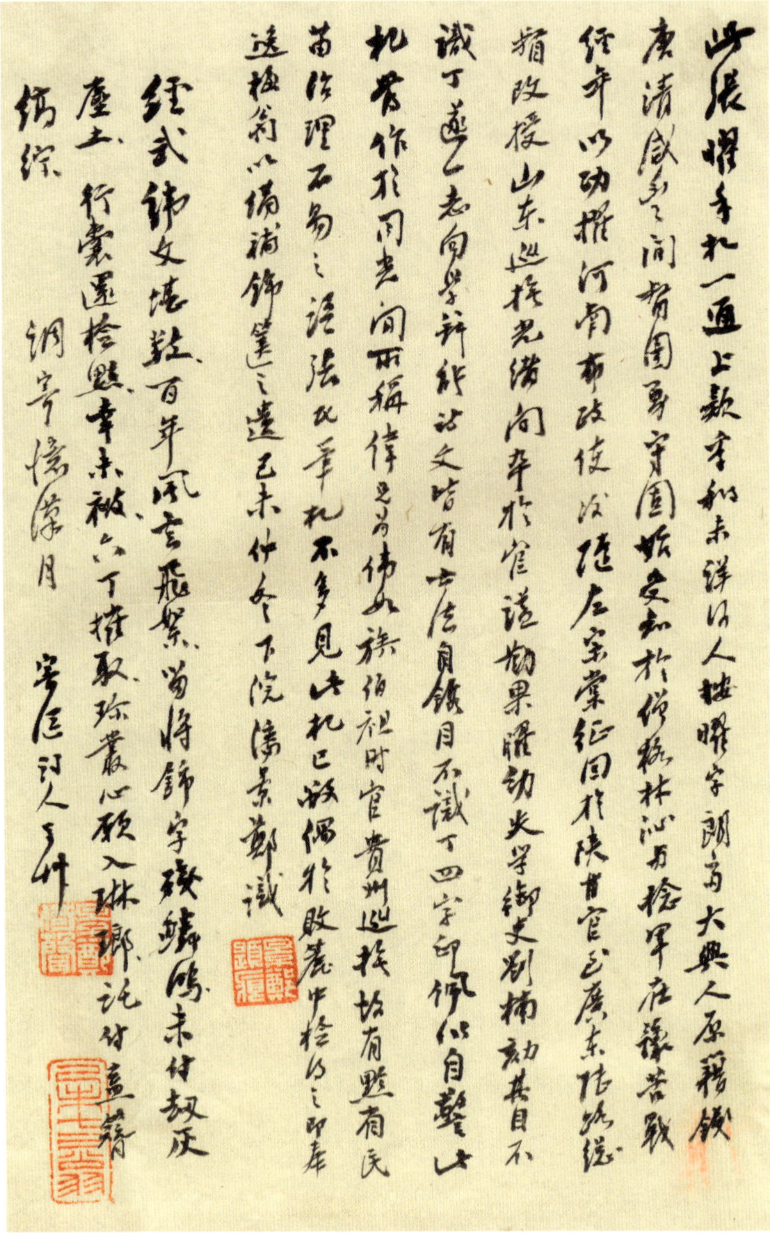

此張曜手札一通，上款李翁，未詳何人。按曜字朗齋，大興人，原籍錢唐。清咸豐間辦團勇守固始，受知於僧格林沁，為總軍府議，轉戰經年，以功擢河南布政使，後隨左宗棠征回於陝甘，官至廣東陸路提督，改授山東巡撫，光緒間卒於官，謚勤果。曜幼失學，御史劉楠劾其目不識丁，遂立志向學，詩文皆有古法，自鐫“目不識丁”四字印佩以自警。此札當作於同光間，所稱偉如，是為佛如族伯祖，時官貴州巡撫，故有黔省民苗經理不易之語。張氏筆札不多見，此札已殘，偶於敗簏中檢得之，即奉送椒翁，以備補錦箋之遺。乙未仲冬下浣潘景鄭識

經武緯文堪鞋，百年風雲飛絮，當將錦字綴殘鱗，未付叔厓塵土。行囊還檢點，幸未被、六丁攫取。珍叢心願入琳瑯，託付盦籍繡綜。

調寄憶漢月　寄庵詞人正拍

释　文

前日在南西门外寓中送到惠书，今日卯刻敬神破土以后始进城。承招，当于申酉之间趋聆教益。伟兄①已于初四冒雨出东门矣，此老精力可欣可慰，惟黔省民苗治理亦非易易耳。余容晤谈。专布，敬致

季和仁兄大人晨安。

愚小弟张曜②顿首

　　钤：景郑持赠

题记：

　　此张曜手札一通，上款季和未详何人。按曜字朗斋，大兴人，原籍钱唐。清咸丰间督团勇守固始，受知于僧格林沁，与捻军在豫苦战经年，以功擢河南布政使，后随左宗棠征回于陕甘，官至广东陆路总督，改授山东巡抚。光绪间卒于官，谥勤果。曜幼失学，御史刘楠劾其目不识丁，遂一志向学，并能诗文，皆有士德，自镌"目不识丁"四字印，佩以自警。此札当作于同、光间，所称伟兄为伟如族伯祖。时官贵州巡抚，故有黔省民苗治理不易之语。张氏笔札不多见，此札已敝，偶于败簏中检得之，即奉逸梅翁，以备补锦簏之遗。

己未仲冬下浣，潘景郑识

　　经武纬文堪数。百年风云飞絮。留将锦字残鳞鸿，未付劫灰尘土。　　行囊还检点，幸未被、六丁摧取。珍丛心愿

—— 张曜致季和 ｜ 063

入琳琅，托付盍簪缟纻。

调寄《忆汉月》。

寄沤词人呈草

钤：景郑题痕、景郑倚声、己未七三翁

小 注

① 潘霨（1816—1894），字伟如、伟然、蔚如，号韡园、心岸居士等，江苏苏州人。监生，累官至贵州巡抚。与俞樾等友，精医学，工书能诗。著有《烂存诗钞》《女科要略》等。

② 张曜（1832—1891），字亮臣，号朗斋，祖籍上虞，迁居钱塘，寄籍大兴。由监生捐县丞，因守御有功，累升知府，同治十年（1871），随左宗棠镇压回民。光绪三年（1877）随左宗棠进兵新疆帮办军务，收复乌鲁木齐，十年（1884），调任广西、山东巡抚。卒后谥勤果，入祀贤良祠。

笺 释

咸丰十一年（1861）十二月，张曜擢任河南布政使。次年为同治元年（1862），九月，山东御史刘毓楠弹劾其"目不识丁，不应骤涉文职大员"，遂诏改总兵，归由僧格林沁节制。张曜深感奇耻大辱，立志发愤读书，会夫人贤而多才，乃恳请奉以为师，故民间流传有张曜拜夫人为师的故事。不数年，名为《镇台念书》的秦腔问世，剧中情节即"张公曜拜妻为师"。

张怀恭、张铭所著《清勤果公张曜年谱》载是年事，称刘毓楠弹劾原因为"以其同僚王某欲向张公贷银未遂，入都饰词劾公"。年谱于此事未详加叙述，亦未注明出处，仅此一句。然刘毓楠弹劾张曜实非止一次，同治四年（1865）八月，刘毓楠又参奏张曜任令兵勇抢杀，勒索贿银等事，经曾国藩确查，皆系传闻及无赖之徒乘风讹诈。

黄轩祖《游梁琐记》有"张勤果轶事"一文，述及刘、张后事："某侍御省墓出汴道，公留宴竟旬，尊为师傅，敬礼有加。语人曰：'我崛起行伍，之无不识，姓名且赖人而记，不自省犷莽之气，幸得此公，不屑教诲，玉成我好事耳。'踰年，侍御客死京都，槥不得归，公闻之，立馈数百金作赙仪，护送南归，并提挈其子嗣，人咸服公之度量云。"

光绪四年（1878），左宗棠奏请将张曜改任文职，奏称："……御史刘毓楠忽劾其'目不识丁'，奉旨以总兵改用，复由总兵积功恩擢广东提督，并迭晋世职。臣入关后，追捻燕齐，与之其事，知其能军，尚不知其饶有吏干也。嗣率所部度陇，臣咨请驻军哈密，大兴屯田。张曜督所部垦地、开渠、筑室，具有条理，屯政以兴。其与臣论屯垦事宜，每月书凡数至，文理斐然，字仿平原，遒劲逼真，心窃异之。至今书问频来，论列兵事及南疆地势、贼情，所言多中。不知言者何以谓其'目不识丁'也。"

宝鋆亦评其书法："吾曾见其尺牍，书法楚楚可观，颜之骨，米之肉，较之彭雪琴之一味粗豪，犹胜一筹。"可知张曜自刘毓楠弹劾之后，发愤读书，终有所得。

潘老题记中将刘毓楠省写为刘楠，又称"此札当作于同、光间"，因"伟如族伯祖，时官贵州巡抚，故有黔省民苗治理不易之语"。潘霨任贵州巡抚为光绪十年至十七年期间，而张曜于光绪十七年卒于官，故此札书写时间，当在光绪十年至十七年期间。

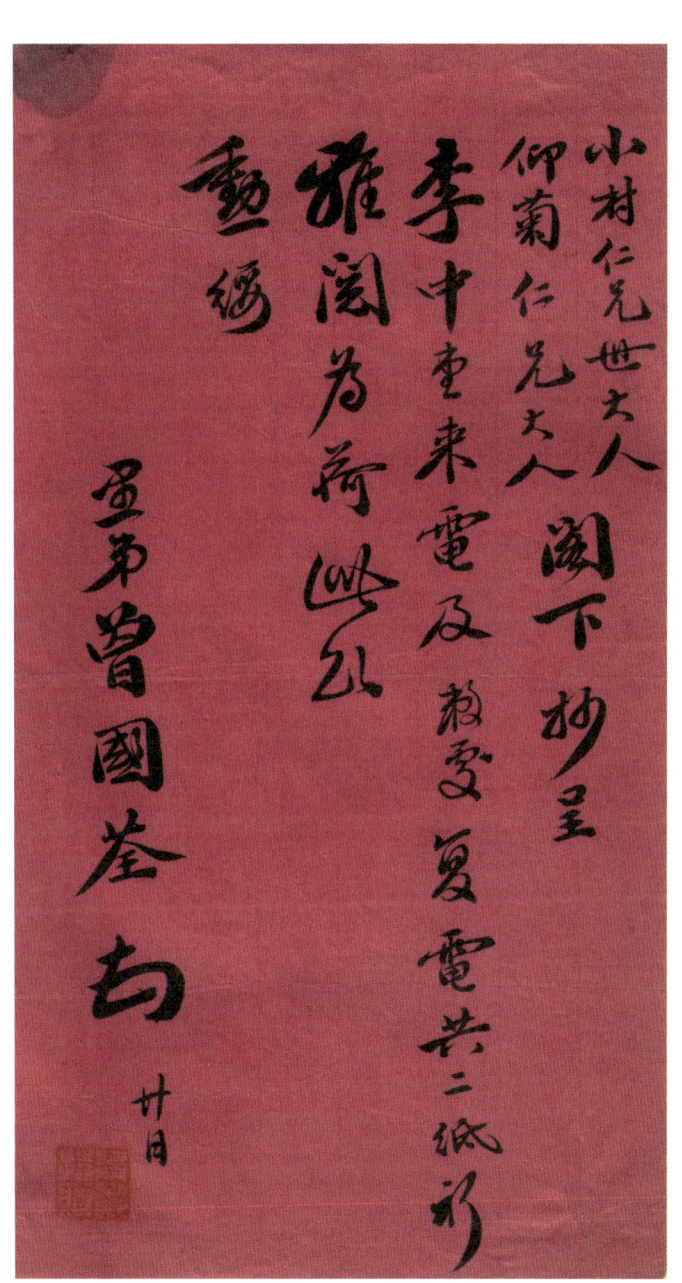

一二　曾国荃致邵友濂、仰菊

小村仁兄世大人　阁下抄呈

仰菊仁兄大人

李中堂重来电及教复复电共二纸祈

雅阅为荷此叩

勋绥

愚弟曾国荃　叩

廿日

曾國荃筆札不佳雖身膺高爵而佳處不多此筆條之手拙傅此筆墨字體如一其親筆殊難判自此札乃士筆條手宜其書拙不易也用筆不圓孫月坡於書遠不如翁柳傅一格而已辛信孫閩門稱句於難傅一案壬辰仲文燈弟嫩記

曾家棣萼一時雄擢武揚威夢欲空庭荀鶵飛鳥雛字山河擁取夕陽紅安崖

释　文

小村①仁兄世大人、仰菊仁兄大人阁下：

抄呈李中堂②来电及敝处复电，共二纸，祈雅阅为荷。此颂
勋绥。

愚弟曾国荃③顿首

廿日

钤：景郑持赠

题记：

曾国荃笔札不佳，虽身陟高阶，其所往还函牍多出幕僚
之手，故传世笔墨字体不一，其亲笔殊难别白之。此札亦出
幕僚手，宜其书体不同，如用笔亦牵强耳。兹检奉逸梅翁聊
备一格而已。率依《浪淘沙》短句，藉博一粲。

已未仲冬，潘景郑记

曾家棣萼一时雄，耀武扬威梦成空。短简烟云留姓字，
山河换取夕阳红。

寄沤

钤：荥阳宗老、景郑倚声

小 注

① 邵友濂（1841—1901），原名维埏，字小村，亦字筱春、攸枝，浙江余姚人。同治四年（1865）举人，翌年上礼部试不第，入曾国荃幕府，后任总理各国事务衙门章京、驻俄钦差大臣、河南按察使、台湾巡抚等。

② 李鸿章（1823—1901），字渐甫、子黻，号少荃，谥文忠，安徽合肥人。淮军创始人，洋务运动倡导者之一，晚清重臣。先后签订《烟台条约》《中法新约》《马关条约》及《辛丑条约》。著有《李文忠公全集》。

③ 曾国荃（1824—1890），字沅甫，号叔纯，谥忠襄，湖南湘乡人，曾国藩九弟，因助兄镇压太平军，累官浙、晋、鄂省巡抚，陕甘、两广、两江总督，卒于官。

笺 释

　　潘老题记称曾国荃函牍多出幕僚之手，然尝睹数间公馆所藏曾国荃手札原件，皆与此札笔迹一致，若果出幕僚，则当出自同一位幕僚。

　　《清史列传·已纂未进大臣传》中有邵友濂传，述及邵友濂与曾国荃事："（光绪）九年，法越战事起，法人以越南为我藩属，遣兵船进窥台湾以牵我师，友濂襄办台防，侦敌踪，备军械，筹饷需，悉心经画。会法人以和款我，朝廷顾念邦交，谕友濂随同全权大臣两江总督曾国荃办理和约。以议不合，长江戒严，有旨著章合才留上海，会同友濂镇抚兵民，加意弹压，并保护各国商民。旋经江督曾国荃以体用兼资、堪膺重寄奏保。"

邵友濂自同治十三年（1874）入总理各国事务衙门后，即负责外交事件及出使各国事宜，有着丰富的外交经验，曾先后和崇厚、曾纪泽出使俄国，处理多宗外交事宜。曾纪泽在给朝廷的奏折中评价其人："该员思虑周密，识解超群，臣拟事事与商，虚衷采纳，于辨认之节目、交涉之大端，必能多所发明，匡臣不逮。"

光绪十年（1884）中法议和时，邵友濂正在上海任苏松太道，故先期与法国大使巴德诺进行前期谈判，同年闰五月，朝廷正式委派曾国荃为全权大臣负责谈判，陈宝琛会办，邵友濂、刘麒祥随同办理。然曾国荃长年在沙场驰骋，于外交事务却并不熟练，曾自言"中外交涉日渐繁琐，夙未用功于此道"，以及"从未经手交涉事件，而尤不善议约"，故而外交经验丰富的李鸿章特意提醒他，遇事要与邵友濂等提前商议，并将与兹事有关之电报、信件及记录等文件寄给曾国荃，以备谈判之用。后来谈判破裂，再起兵燹，朝廷遂改派李鸿章前往谈判，邵友濂襄赞，最终签订《中法会议简明条款》，曾国荃致邵友濂、仰菊此札未署年款，然品其文意，与光绪十年事颇有相合。

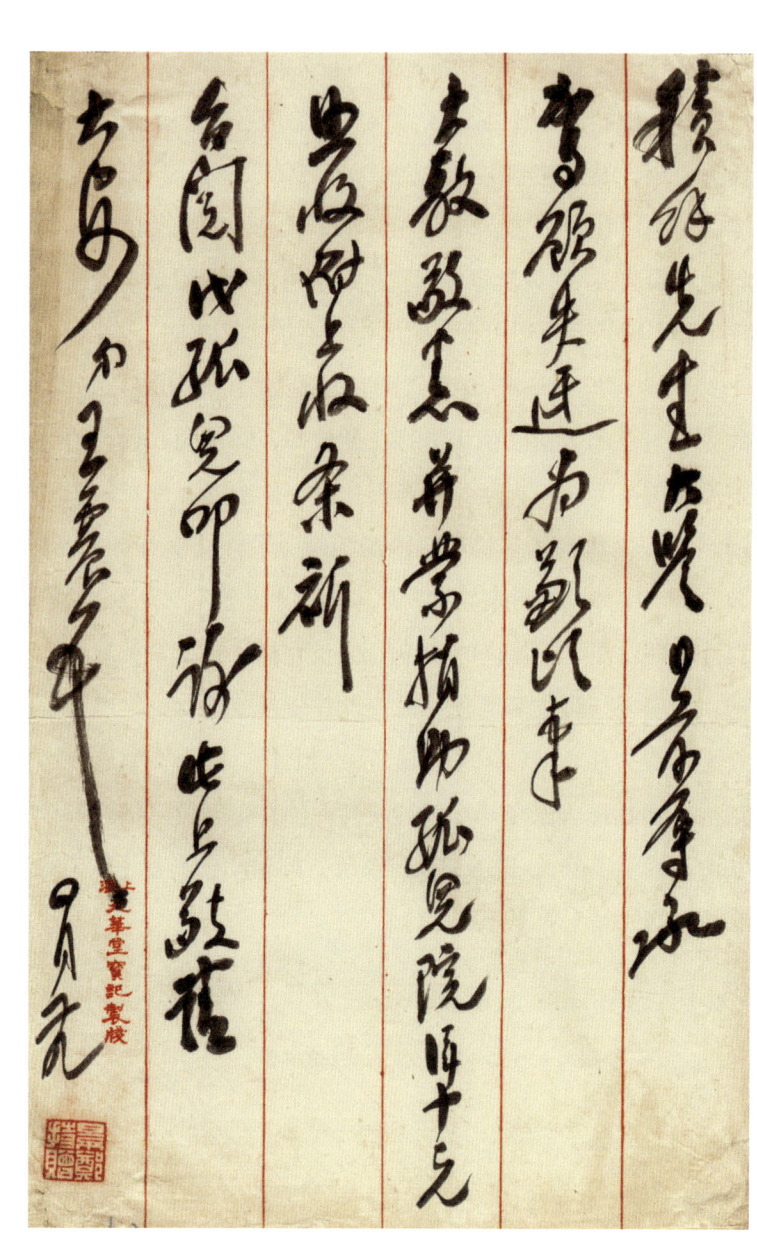

王一亭名震自署白龙山人号与人以经商庐庑为四十年前上海闻人

号任薛及甫经募委员会委员劳作委员会委员临大达轮船公司经理正任

昌明艺术专科学校校长生於公元一八六七年卒年七十馀能书画师事吴

昌石缶及其貌此非神玉逺逺章罗厥上员省立戚然好夹不多此扎笔政

绝笔缶石玉谢徐揆缶多多捐助孤儿院题起专任经募委员会员三年逋今永

七八十年闻其逺思昊尔役受图外歙迎礼永缶一脉不异结数寿葬奉

逺梅翁石己以事一室三管以及玉束十月十四白 潘景郑识

击白翁一脉散馀辉戳谷继神难艺苑永芳菲世载逺鸿

痕雪泥 白雅室在江干堪追汾湅久湑迷 滕简已多歳斗羽

素芬苔粲颐 涧香太常川

寗庐主信

远梅长君指正

释　文

积余①先生大鉴：

日前辱承驾顾，失迓为歉。顷奉大教敬悉，并蒙捐助孤儿院洋十元，业收，附上收条，祈台阅。代孤儿叩谢。此上，敬请大安。

弟王震②顿首

四月二九

钤：景郑持赠

题记：

王一亭名震，自署白龙山人，吴兴人，以经商居沪，为四十年前上海闻人，曾任蒋政府赈务委员会委员、导淮委员会委员、上海大达轮船公司经理、上海昌明艺术专科学校校长。生于公元一八六七年，卒年七十余。能书画，师事吴仓石③，颇得其貌，然离神至远。画笔遍沪上，负名亦盛，然好者不多。此札笔致纯学仓石，函谢徐积余先生捐助孤儿院款，想是任赈务委员会时之笔，距今亦七八十年。闻其遗墨亦能受国外欢迎，倘亦仓石一脉所垂绪欤？兹检奉逸梅翁存之，以当一脔之尝何如？

己未十一月下旬，潘景郑识

缶翁一脉散余辉。貌合总神离。艺苑亦芳菲。册载远、鸿痕雪泥。　白龙絮在，江干堪认，沧海久凄迷。膡简已无几。片羽奉、苔芩解颐。

调寄《太常引》。

逸梅翁指正。

寄泹呈稿

钤：景郑寄痕、景郑倚声、己未七三翁、荥阳宗老

小　注

① 徐乃昌（1868—1943），字积余，号随盒，一作遂盦，安徽南
陵人。光绪十九年（1893）举人，曾任淮安知府，特授江南盐
巡道。尝赴日本考察学务，回国后任江南中、小学堂提调，江
南高等学堂总办及两江师范学堂总监，鼎革后隐居沪上。著名
藏书家、刻书家及学者，室名小檀栾室、积余斋、镜影楼。主
编有《安徽丛书》《积学斋丛书》《小檀栾室汇刻闺秀词》等。

② 王震（1867—1938），字一亭，号海云楼主、白龙山人、梅花
馆主，浙江吴兴人。早年因家贫，入钱庄当学徒，民国初年任
上海军政府商务总长，晚年笃信佛教，并致力慈善事业，曾任
豫园书画善会会长。自幼喜绘画，先后师从任伯年、吴昌硕。
著有《白龙山人诗稿》。

③ 吴昌硕（1844—1927），名俊卿，字昌硕，亦署仓硕、苍石、号
缶庐、苦铁、大聋、石尊者等，浙江安吉人。著名书画家、篆
刻家，"海派"代表人物。1904年与丁仁、叶为铭等倡立西泠印社，
1913年被推为社长，陈师曾、沙孟海、王个簃等皆出其门墙。

笺　释

　　潘老题记中所云赈务委员会正式成立于1930年2月1日，直接隶属于行政院，负责办理各灾区赈务，除内政、外交、财政、铁道等八部部长为当然委员，另由国民政府特派十一人为委员，其中许世英、王震、刘镇华、汪守珍、朱庆澜为常务委员。王震字一亭，以字行，号白龙山人，确如潘老所言为"上海闻人"，活跃于当时的书画界、慈善界、实业界及宗教界。因该会设有筹赈科，负责计划筹募赈款、赈品事项，是故潘老猜测此札为王一亭任职赈务委员会委员时，答谢徐乃昌捐助之笔。

　　关于徐乃昌所捐"洋十元"，王一亭札中明确写道"蒙捐助孤儿院"，然而孤儿院与赈务委员会实乃两个不同性质的慈善机构，赈务委员会为国民政府所办，孤儿院则为王一亭发起创设。王一亭一生热心慈善，创办并参与了多个慈善组织，捐助对象包括孤儿、妇女、灾民及病患等，在近代中国慈善史上有着一定的影响与地位。吴昌硕在《白龙山人小传》中赞其"以慈善事业引为己任，绘图乞赈，凤夜彷徨，不辞劳瘁，于是四方之灾黎得以存活者无算"。

　　1938年4月，赈务委员会结束，同年11月，王一亭于上海去世。上海《申报》所发王一亭讣告，起首为"慈善家王一亭氏"，结句为"氏一生尽瘁慈善事业，擅长书画，老成凋谢，各界均深悲悼"。可见当时王一亭更多的是以慈善家身份活跃于沪上，书画并非其主要精力所在，潘老不喜王一亭丹青，固有其原因在。潘老又云其"画笔遍沪上"，亦有其背景，王一亭经常要为自己所参与的慈善组织等集款项，又多以义卖形式为人作画，而其参与的慈善组织，已知者有130多个，故其画笔遍海上，亦可视为王一亭为慈善鞠躬尽瘁之证。

上海孤儿院为1906年王一亭与当时的上海士绅李平书、沈缦云、高翰卿等集资而设，初时借址于大东门火神庙西首雨化堂。孤儿院开办初期，王一亭等还委托第一任院长王廷荣前往日本考察冈山孤儿院，以期实现养、教并行，不仅仅将孤儿抚育成人，还对他们遍施教育，所设课程除中文外，还有英文、历史、地理、算术与手工等。孤儿院设立之后，迅速得到人们认同，所收孤儿越来越多，遂于1910年选址龙华扩建孤儿院，也称"龙华孤儿院"。抗日期间，孤儿院遭到沉重打击，院舍一度被日军所占领，到1946年，孤儿院终于难以维持，宣布解散。

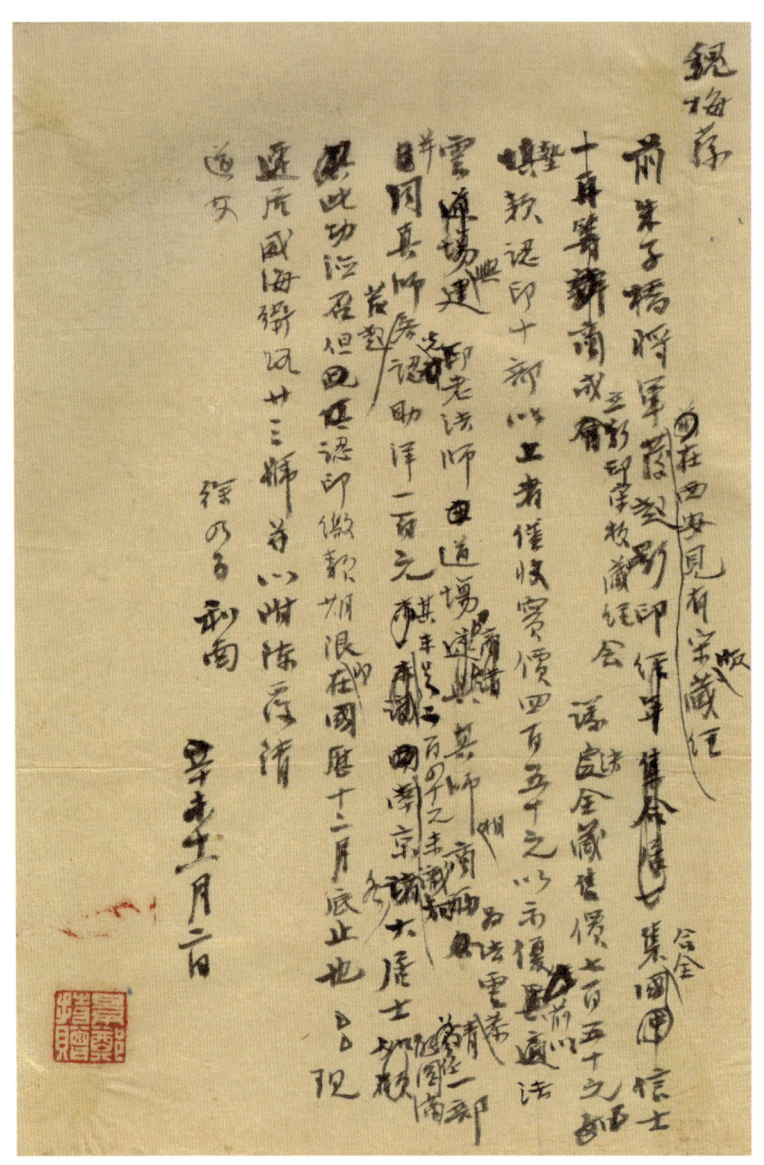

魏梅荪

前莱子桥将军所摄影印佛牙集本连一小册在西湖见有宗藏经语处全藏售价七百五十元前

十册筹解南欧会照印摄藏经会诺处全藏售价七百五十元前以印字校藏经会诺处全藏售价七百五十元之数

轻款诿印十部以工者仅收实价四百五十元而後款遗法……

云通场建即老法师由道场递兴其师商如

群同其师……之诿助洋一百元其半乃其师商如印摄款期限在国历十二月底止也……

因此功德君但因正诿印摄款期限在国历十二月底止也已现

迤所国海辞风廿三炉并小附陈存清

道安

　　　　　　徐乃昌

　　　　　　辛亥十一月三

积馀先生收藏闽中之助甚富及身已散而膡者书籍复清许军见之快卅年而俺在

流转时有零星故百通多铨此故舀之土惜皆未装数集余乡以

姓氏辈刘鈜次序刀舀之悲滋成申之後粮稽以歉收指席春三舀致同论斤

齎砚之左朱先生粲乃刘陛友积乎乎等敬卡壹皆有闻讆典彭之乎寿

达不自審尐余乎讆其长君士高云借有诗谈谈稽敬缘乎假朱府笑今云失七芙余

而以尐乎乎藏札其霈稿时汭札政而亦有若干面皆亲筆政削未後緵正之

証老半年年乎供　乎斯信敬艀藻乎亦稕亲乎子肩刚收五札乎为即先

法师典道楊助讼宋藏印宇美乎乎京韺诚佛信师衰功德乎抱书敉乎

未歳霈其　著乎三年年若丁与迈幸同祝以刁昋　达梃翁营亰砒为吾人乎

戔袜緵信年彰苍嘴獣以以巳朱竹否乎乎滑幸邨試

歐涵零稿在　凤南蜀文彰墨渍东海新久網芸　拾骏行囊

隆案毛長恩之长恩敕列珠鑤伴君琭披文

　　　　　　词等威恩多

　　　　　　空侄　乃昌

达梃翁正诗

释　文

魏梅荪[①]：

前朱子桥[②]将军在西安见有宋版藏经，发起影印，集合全国信士，成立影印宋板藏经会，议决全藏售价七百五十元，如垫款认印十部以上者，仅收实价四百五十元，以示优惠。前以法云兴建印老法师[③]道场，遂与其师相商，为法云恭请经一部，并同真师[④]发起各先认助洋一百元，其未足二百四十元，未知南京各大居士能圆满此功德否。但认印缴款期限即在国历十二月底止也。乃昌现迁居威海卫路廿三号，并以附陈。覆请

道安。

徐乃昌和南
辛未十一月二日

　　钤：景郑持赠

题记：

积余先生收藏图书文物甚富，及身已散，所剩图书犹多清刻罕见之帙。卅年前，余在沪肆时有所得，其友朋函札亦收得数百通，多并世知名之士，惜皆未装散叶。余曾以姓氏笔划类次，亦无力为之装潢。戊申之役，狼籍不能收拾，席卷之余，几同论斤覆瓿之厄矣。先生毕生所刻《随庵》及《积学斋》等丛书，一皆有用坟典。顾生平著述不自垂后，余曾询其长君子高，云仅有诗词残稿数纸，曾假录存笈，今亦失

之矣。余所得先生藏札，其覆稿时附札后，所存亦有若干通，皆亲笔改削，再经缮正，足证老辈笔墨之慎如此。斯稿致魏梅荪者，亦经亲笔手自删改者。札中为印光法师兴建道场，助请宋藏印本，盖先生亦热诚佛法，布兹功德耳。札书于辛未岁，是其暮年之笔，存兹可与正本同视可焉。吾逸梅翁当亦欣为前人作护持缘法耳，敢当曝献何如？

己未仲冬中旬，潘景郑识

　　断鸿零稿在。风雨留文彩。墨痕东海新。久烟云。　检点行囊坠絮，乞长恩。乞长恩。愿列珍丛，伴君珍秘文。

　　调寄《感恩多》。

逸梅翁正讹。

寄泅词人呈草

　　钤：景郑题记、景郑倚声、己未七三翁

小　注

① 魏家骅（1862—1933），字梅荪、梅村，晚号贞士，江苏南京人。光绪二十四年（1898）进士，二十九年（1903）经济特科进士，历任翰林编修，云贵总督署文案，山东东昌府知府。民国时期曾任西南地区法院院长，南京总商会会长。有家族商号"魏广兴"，信奉佛教，热心慈善。

② 朱庆澜（1874—1941），字子桥，一字子樵、紫桥，浙江绍兴人。曾任清军第十七镇统制，辛亥年武昌起义后，率部通电宣告四

川独立，被推为四川省大汉军政府副都督，入民国后任黑龙江省护军使兼民政部长、黑龙江巡按使，后出任广东省长，未久受军阀排挤去职，病逝于西安。

③ 印光（1861—1940），俗姓赵，名丹桂，字绍伊，号子任，陕西合阳人。二十一岁出家，法名圣量，字印光，号常惭愧僧，尊称印光法师。晚年隐栖苏州报国寺，圆寂于灵岩山，被尊为净土宗第十三代祖师。有《印光法师文钞》。

④ 真达（1870—1947），俗姓胡，名惟通，号体范，一号逸人，安徽歙县人。十九岁出家，驻锡上海太平寺三十余年，深受道俗尊敬。与印光法师相识后，一生对其尊崇敬仰，奉如师长。

笺　释

徐乃昌札中所称"宋版藏经"乃《碛砂藏》，该部大藏为宋末元初时雕印于江苏平江府陈湖碛砂延圣院的一部私刻大藏，学界推论该藏的初始刊刻时间为南宋嘉定九年（1216），最晚刷印时间则为明宣德七年（1432），跨越宋元明三朝，计二百余年。

该部《碛砂藏》的最早发现者是康有为。1923年康有为在西安的卧龙寺无意中见到该寺的残存古经，当时人们对《碛砂藏》并无认识，康有为虽然也不知道这部大藏究竟是何版本，但知其为难得之物，又见这些经册长期管理不善，已生蠹鱼，故欲以几部全本大藏来交换此残存经册，并因此而闹出"康圣人盗经"的纠纷。此事嗣后越闹越大，康有为最终没能换走该部大藏，该经仍然留存于卧龙寺。

1931年，朱庆澜到山西负责救济难民时，再次在卧龙寺、开元寺见到该经，并鉴定出此为流传极其罕见的《碛砂藏》。朱庆澜虽为军政界要员，但同时也是著名居士，深知该部大藏之重要，立即回上海与叶恭绰、丁福保、蒋维乔等发起成立"影印宋版藏经会"，并筹集资金影印，于1935年以方册装影印行世，共计500部，所缺失部分则以《资福藏》《普宁藏》等补入。而此次影印宋版《碛砂藏》过程中，为补配以成全书，又无意间发现另一部金代所刻大藏《赵城金藏》，再次引起各界轰动。

徐乃昌写此札之"辛未"年即1931年，内容正是筹资影印该经事宜，收信者魏家骅为印光法师弟子。札中有言"前以法云兴建印老法师道场"，法云寺为1923年印光法师召集王一亭等居士商议，魏家骅等捐资，并由心净法师具体筹办，在南京三汊河创办。法云寺正式建成之前，魏家骅与王一亭已在此设立佛教慈幼院，收容孤儿，教以文化及劳作。该寺今已无存，遗址现为居民小区。

印光法师撰有《南京三汊河创建法云寺缘起碑记》，解释寺名为"法云寺者，效法云栖，所立之念佛放生道场也"。其中又述及魏家骅："民国十年八月，光往扬州刻书，王幼农办赈南京，赴约往访。次日访刘圆照，魏梅荪亦来见，谓己颇信佛法，曾阅师文钞，近亦念佛。……彼于十月，即吃长素。"记中又有描述法云寺建筑之文字："大殿，盖五间高楼，上供新印之宋藏，并作阅经之所。下作大殿，念佛亦在此中。"所称"新印之宋藏"，即徐乃昌此札中所云《碛砂藏》也。

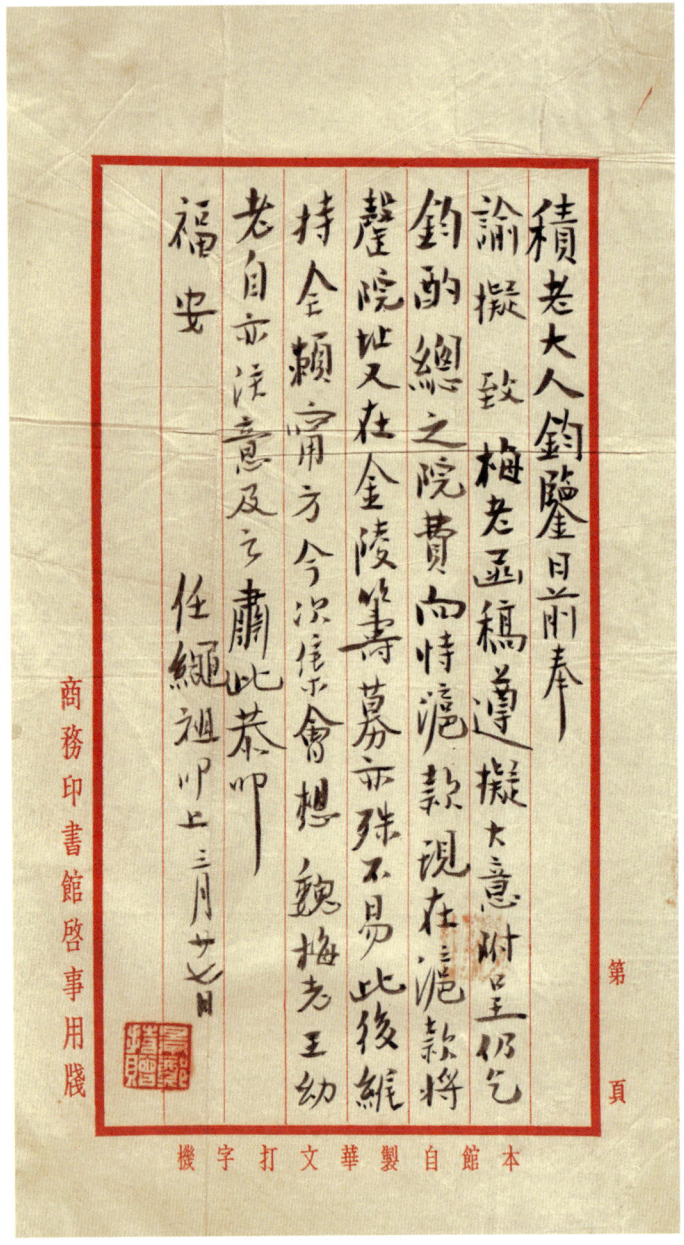

一五　任繩祖致徐乃昌

積老大人鈞鑒日前奉

諭擬致梅老孟稿遵擬大意附呈仍乞

鈞酌總之院費向恃滬款現在滬款將

聲院尚又在金陵籌募亦殊不易此後維

持全賴甫方今沈奐會想魏梅老王幼

老自亦深意及之肅此恭叩

福安

任繩祖叩上三月廿七日

商務印書館啓事用牋

本館自製華文打字機

任心白先生绳祖庐山人任职商务印书馆为艺极可尤私人秘书笃信佛学专精历代名人手简行世所选各理学家言抗战时亡佚不圆书版因归相识其人笃厚诚挚喜谈禅理自玄晚年欣入山習静极可尤守如后季子抗战胜利仍全逸乡石相值旋南已下世而来及偿入山之愿雅合叶徐年妙意载陆人所刻行之历代名人手简而多为妙人所至视甚受贻余旋亦失诸故乡兵此致缘约至一册亦居庐存赭羽偶而枱仍冀获永石府底韵之

远框翁宏绰真心为之藏杆数至美仰冬上句潘景邮识
庐山钟毓灵根秀墨業相依绵绵久叶载雨音庐风雨黯黯魂败
雪君一纸鸿雪還堪识长笺之美长多君怀舊深

洞素菩萨蜜 手书
远框翁 指正
　　　　　　　　寓庐邓人生楷

释　文

积老大人钧鉴：

日前奉谕，拟致梅老①函稿，遵拟大意附呈，仍乞钧酌。总之院费向恃沪款，现在沪款将罄，院址又在金陵，筹募亦殊不易，此后维持，全赖宁方。今次集会，想魏梅老、王幼老②自亦注意及之。肃此，恭叩

福安。

任绳祖③叩上

三月廿七日

铃：景郑持赠

题记：

任心白先生绳祖，虞山人，任职商务印书馆，为李拔可④丈私人秘书，笃信佛学，曾辑《历代名人手简》行世，所选多理学家言。抗战时常至合众图书馆，因得相识。其人笃厚诚挚，喜谈禅理，自云晚年欲入山习静，拔可丈倚为左右手。抗战胜利后，余返乡，不相值，旋闻已下世，亦未及偿入山之愿。距今卅余年，姓名几湮如，而所刊行之《历代名人手简》亦不为时人所重视，曩曾赠余，旋亦失诸故乡矣。此致徐积余先生一札，亦属廑存鳞羽，偶而检得，冀获永存鸿痕。敢乞逸梅翁宏肆婆心，为之护持欤。

己未仲冬上旬，潘景郑识

虞山钟毓灵根秀。墨巢相依缟纻久。卅载隔音尘。风雨黯离魂。　　败囊存一纸。鸿雪还堪识。长护乞苔芩。多君怀旧深。

调寄《菩萨蛮》。录奉

逸梅翁指正。

寄沤词人呈稿

钤：景郑手痕、景郑倚声、己未七三翁

小　注

① 梅老指魏家骅，其字梅荪。

② 王典章（1865—1943），字幼农，以字行，陕西三原人。受业于刘光贲、柏景伟，清末曾任新宁县知县、宁远府知府兼兵备处等职。1911年保路运动后，被推选为军政府都督，推辞不就。民国间曾任广东粤海道道尹、陕西省政府委员兼民政厅厅长。与印光法师为同乡，结为方外之交，一生交游甚厚。有《安隐庐诗存》传世。

③ 任绳祖（1878—1948），字心白，江苏常熟人。民国期间曾任职于商务印书馆，负责管理文契资料等。尝从印光法师学佛，并担任佛教慈幼院院长。辑有《历代名人家书》。

④ 李宣龚（1876—1952），字拔可，号墨巢、观槿，福建福州人。光绪二十年（1894）举人，曾任湖南桃源知县、江苏候补知府。民国间曾任商务印书馆编译所编辑及董事。藏书处有硕果亭、

观槿斋、墨巢，所藏珍本、墨迹及名画甚多，皆择优供商务印书馆影印出版。著有《硕果亭诗》《墨巢词》等，辑有《墨庵集锦》。

笺　释

商务印书馆曾于民国二十六年（1937）七月出版《历代名人家书》，辑者署名"四愿斋主"，封面有李宣龚题写书签，下署"墨巢"。虽各处皆未见记载称任绳祖号"四愿斋主"，然该书乃任绳祖所辑，多有前人于文章中提及，故四愿斋主当即任绳祖。任绳祖依止印光法师，笃信佛教，而佛教中素有四弘誓愿："众生无边誓愿度，烦恼无数誓愿断，法门无尽誓愿知，无上菩提誓愿证。"任绳祖以"四愿斋主"为号，应当多有此意。

该书即潘老题记中所称《历代名人手简》，盖潘老年迈而误记也。任绳祖曾于商务印书馆任职，负责管理文契资料等，《张元济全集》中收有张元济致任绳祖书札数通，所言皆书事。王伯祥《庋榢偶识》中有跋《历代名人家书》，其中言及任绳祖："任心白，宜兴人。予佣书涵芬楼时，与之同事而隔邻。其人愿而佞佛，独步街头，口中每喃喃默念，人多笑之，以是罕相接晤。倭难初作，楼馆毁焉，予别就馆于开明书店，竟未再见其人。"

此札为任绳祖致徐乃昌者，内容述及为南京佛教慈幼院筹款事，札中所言及魏梅老、王幼老乃指魏家骅及王典章，皆南京下关三汊河法云寺发起人，慈幼院附设于法云寺中，而提议设立慈幼院者正是任绳祖。

《印光法师文钞全集》中收录有《金陵三汊河法云寺增设佛教慈幼院疏》，略述设立慈幼院缘起："冯梦老邀同诸居士，发起法云寺念佛放生道场……但以财力维艰，于法云寺放生池旁隙地增设一慈幼院。取无父无母，无法存活之孤儿，养之教之，俾其成才而自立。"《全集》中又有《南京三汊河创建法云寺缘起碑记》，其中言及："其年又发起慈幼院，教养孤儿，俾读书学艺，能自成立，不至流为饿莩与匪类也。因先办慈幼，建寺遂作缓图。"

李宣龚与张元济、鲍咸昌、高凤岐合称"商务四老"，1913年经高梦旦介绍进入商务印书馆，历任经理、发行所所长、代总经理、董事等职。张元济日记中频繁提到与李宣龚商谈馆务之事，并予以肯定及委以重任："拔翁于政学界均能接洽，且应酬之事，尤所优为，故宜令拔可兼任发行所事，仍抽出时间到总务处。"1939年8月，上海合众图书馆开始运作，两年后，李宣龚当选为合众图书馆董事，所藏图籍、书画、手札等均捐赠该馆，该馆为之整理编辑为《闽县李氏硕果亭藏书目录》。

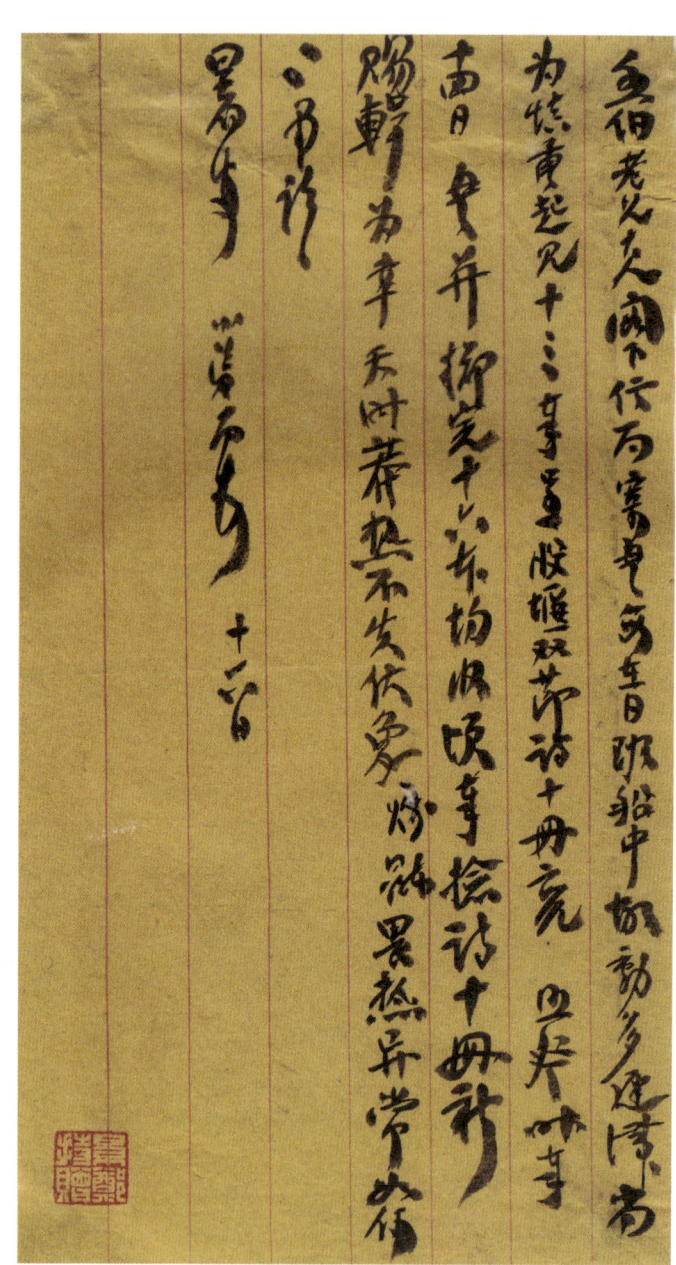

一六 丁丙致许仁沐

丁松生先生为晚清著名藏书家之一，其行事世所周知，无待赘述。此字为
一通致署主伯言丁月时所抄各休诸有硕川人偁光绪中世谷华人诠松中语雅
似印為时助丁蓉锌鄉邑著述丁有杭郡访三廣三绅或钝雅媯之楷率頭之
去丁拾年舍州年方而低控罪藏書家足院撤缯笔巳之葉不必而且数千
家氧送治舍雲擘作羽干反收拾漸皆矣之全形中止敦傷而拾及邃著之年
風形詩償當之市如雁俟之失聿仍似巧收 邃梅翁藏弄座泞其此
婦馬州己未夷夂 大句 具韓潘京郡識拈溈上雲庫氏寓緘
鐵庵萋秘迻琳瑯今坒摧風雨舍夌他鹤婦亲觅故鄉、残餘
片羽显腐泥痕猶记取 好付孝苓守護珠素旁怗心
调考减字木蘭花 奉呈
逸梅老弟哂 弄改 宁邑迟人星榰

释　文

壬伯①老兄大人阁下：

信局寄书多在日班船中，故动多迟滞，尚为慎重起见。十三奉呈《股堰双节诗》十册，亮照察。昨奉十四日书，并掷完十六本，均收。顷奉捡诗十册，祈赐辑为幸。天时莽热，不失伏象，残体畏热异常，如何如何。肃请

暑安。

小弟丙②顿首

十六日

　　　　铃：景郑持赠

题记：

丁松生先生为晚清著名藏书家之一，其行事世所周知，无待赘述。此手简一通，款署壬伯，与丁同时，许姓名沐，浙省硖川人，清光绪中浙江举人。读札中语辞，似即当时助丁纂辑乡邑著述。丁有《杭郡诗》三续之辑，或能踪迹之，惜手头无书可检耳。余卅年前亦颇搜罗藏书家尺牍，拟续先生之业，所得亦且数十家，几更沧桑，零星片羽，不及收拾，渐皆失之无形中。此笺偶而检及，迟暮之年，夙愿难偿，留之亦如雁侣之失群，何以为怀。以赠逸梅翁藏弄，庶得其所归焉。

时己未孟冬下旬，吴县潘景郑

识于沪上西康路寓楼

钱唐华梦。秘笈琳琅曾坐拥。风雨沧桑。化鹤归来觅故乡。　　残鳞片羽。点滴泥痕犹记取。好付苔芩。守护珍囊寄此心。

调寄《减字木兰花》。奉寄逸梅老前辈斧政。

寄沤词人呈稿

钤：景郑、景郑倚声、己未七三翁

小　注

① 许仁沐（1842—1899），原名仁杰，字公梁，号东博，更字子涵，号壬伯、庸斋，浙江海宁人。同治四年（1865）举人，曾任分水教谕，补常山训导，后改平湖教谕。著有《觉今庵方录》《迟春阁文稿》《宝砚堂诗稿》《洁庐词稿》等。

② 丁丙（1832—1899），字嘉鱼，别字松生，晚号松存，别署钱塘流民、十载孤儿、青门词隐、八千卷楼主人等，浙江杭州人。太平军攻陷杭州期间，竭力保存地方文献，与其兄丁申抢救、抄配文澜阁《四库全书》。著有《武林金石志》《松梦寮集》等。

笺　释

海宁许氏亦藏书世家，始有清初名臣许汝霖，康熙二十一年（1682）进士，曾创办东山书院，集当地文人学士讲学课艺于此，又筑也园于东南湖，中有德星堂藏书，宋元未刻之集逾百。许汝霖从子许惟楷亦进士，藏书处为一可堂，其子许勉焕承祖及父业，又扩建一可堂，筑敦叙楼，多蓄典籍。许汝霖孙许焞有慕迂斋、学稼轩藏书，《海昌艺文志》载："自其祖父许汝霖以来藏书甚富。而焞尤笃于典籍，搜拾遗文，故所藏宋元未刻之集多至百十余种，手自丹黄而甲乙之，可谓勤矣。"许焞藏书印中有朱椭圆一枚，章文为"个是醇夫手种田"，寒斋架上多有得见。

许仁沐素与丁丙友善，丁丙《善本书室藏书志》中著录有旧钞本《说部新书》，该书为许焞手辑，丁丙跋称："吾友许壬伯广文人杰，为公之元孙，有跋缀于后。"《八千卷楼书目》又著录有《硖川诗续钞》十六卷，为许仁沐与蒋学坚合作辑成，该书乃继曹宗载所辑《硖川诗钞》而作。

许仁沐任平湖教谕期间，还曾访求当地学者陆陇其遗书近二百卷，辑为《陆子全书》。在访求过程中，丁丙曾将所藏陆陇其遗文供其采用，《先考松生府君年谱》同治五年（1866）载有丁丙监修陆清献公祠墓事，又载："迨戊子三月海宁许壬伯丈司训平湖，既辑《陆子全书》，复撰《景陆粹编》，府君因出藏书俾资纂辑。修甫兄力赞其成，刊之甬东。"《陆子全书》后由平湖知县吴佑孙付梓。

钱塘丁氏八千卷楼与常熟瞿氏铁琴铜剑楼、山东聊城杨氏海源阁、浙江归安陆氏皕宋楼并有"晚清四大藏书楼"之称。首任八千卷楼主人为丁丙祖父丁国典，至丁丙、丁申昆仲时，沿用祖父室名，并将其新增加的藏书楼命名为"后八千卷楼""小八千卷楼"及"善本书室"，总藏书室名"嘉惠堂"，所藏后为江南图书馆收购，现存于南京图书馆。

《国朝杭郡诗》前后有三辑。第一次为吴颢所辑，其孙吴振棫补辑。其次为《国朝杭郡诗续辑》，吴振棫辑。第三次即《国朝杭郡诗三辑》，由丁申、丁丙昆仲辑成，前有吴振棫之孙吴庆坻序："历二百年，人文炳然，甄录所作，以彰国家教养培育之厚。人系以传，一如前例。左采而右获，晨钞而暝写，盖二十年而始成。"

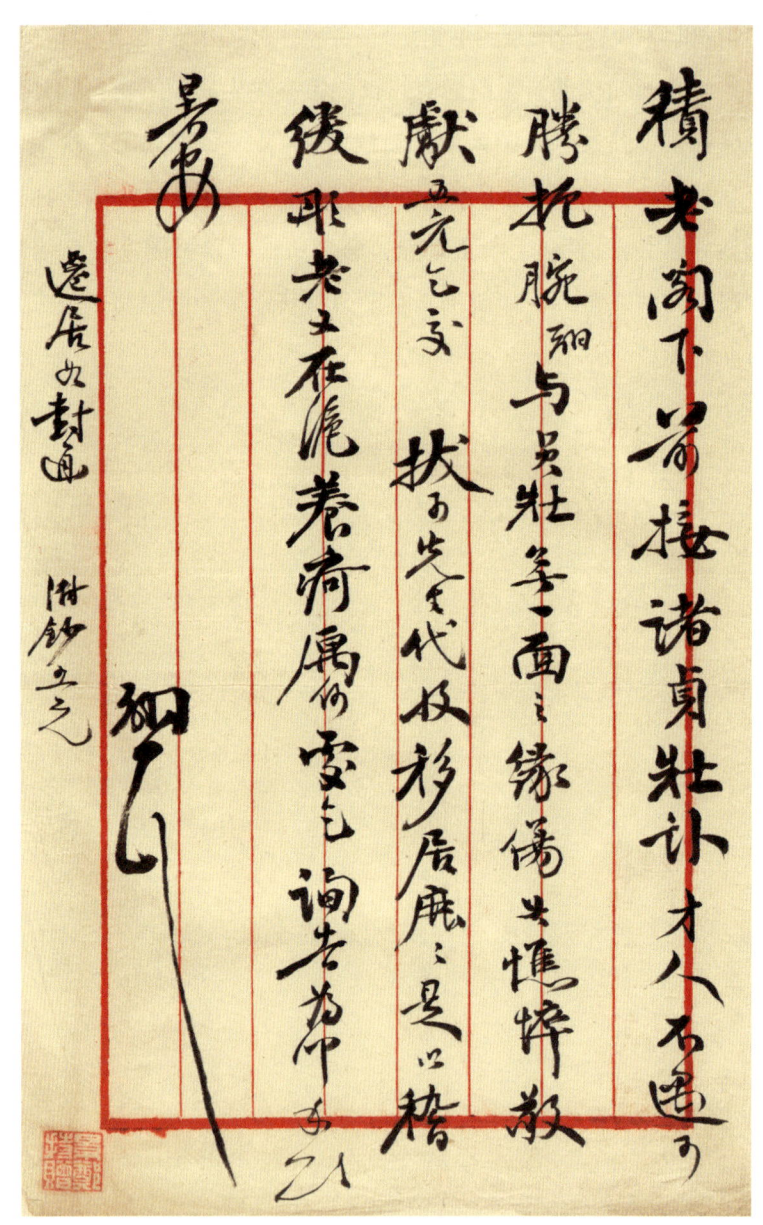

稻孙先生以文学经术著称，时吴中桃李盈门称儒逋迷者□业者固繁□马余雅未

及其内行尤敦笃行先生远暑蒿庐二载数至书堂天寒炉暖诸君相聚饮啖谈论先生两

子俱不能舍其家学一如其某未冠即随先生俯仰为刊其遗诗附入自著天放楼书□抗战

胜利余困迟苏得謁先生于渖澄坊适新丧次子怛甚谈全在身次遗书辈言精乐此

多经手勘评阁书篓乃一囊书籍为护持云未毙可惜金在身为余纪谈端清华文

诸国书籍保存之为可以偿遗郑其苦□先生□国宝会时命令助为编摩之役忌雁时有商

榷诸简牍多□惜遗诸□放郑罪石先在此批□政绥绥保存书□北中乃诸贞北乃诸宝完亦稿□

才士弃校于列丈宣熟抗战时全任职合光图书馆文任修养事因浚时昭编益□写涂山

一丘一壑山中人虽世纲久接对不肠邻笛之感时未有二十余潇克郑诸识

卅年风雨阔前尘乡梦无绪凄怆数天放楼犹飞絮荒径傷庭宇

锦字尝题妻子案华肠断山阳向 谱仙楼

远梅翁老哈政 岑深属老友江于莱远情烙老友江于莱

岑迈手稿

释 文

积老阁下：

前接诸贞壮①讣，才人不遇，可胜扼腕，翩②与贞壮无一面之缘，伤其憔悴，敬献五元，乞交拔可③先生代收。移居鹿鹿〔按：通碌碌〕，是以稽缓。彤老又在沪养疴，寓何处，乞询告为叩。手颂暑安。

翩顿首

迁居如封通。附钞五元。

　钤：景郑持赠

题记：

松岑先生以文学经术著称一时，吴中桃李盈门，能继述先生之业者，固寥寥焉。余虽未及其门，私淑甚久。抗战前先生避暑蕙荫园，园离敝庐咫尺，余得晨夕相晤，饫闻绪论。先生两子俱不能传其家学，一孙甚慧，未冠而殂，先生伤恻，为刊其遗诗，附入自著《天放楼集》后。抗战胜利，余因返苏，重谒先生于濂溪坊，适新丧次子，怛然语余，谓身后遗书虽无精椠，然多经手勘评阅者，冀得一图书馆为护持云云。未几即捐馆。旋其门下为介绍，让诸清华大学图书馆保存之，亦可以偿遗愿矣。当先生主国学会时，命予助为编摩之役，鱼雁时有商榷，积简甚多，惜遗诸故乡，罹厄无存。此札盖致徐积余先生者，札中所及诸贞壮乃诸宗元，亦矫矫才士，李拔可则李丈宣龚，抗战时余任职合众图书馆，丈任馆董事，因得时晤请益焉。读此一函，而函中人离世均久，抚对不胜邻笛之感。

时己未十月二十八日，潘景郑谨识

冊年风雨溯前尘，乡梦零星堪数。天放楼痕飞絮。荒径伤庭宇。　片鳞锦字留题，多少凄迷情绪。老我江干巢幕。肠断山阳句。

《望仙楼》。

逸梅翁斧政。

寄沤呈稿

钤：景郑手痕、寄沤倚声、己未七三翁

小　注

① 诸宗元（1875—1932），字贞长、贞壮，号大至，浙江绍兴人。光绪二十九年（1903）举人，官直隶知州、湖北黄州知府等，民国间为张謇秘书。同盟会会员，南社发起人之一。所著有《大至阁诗》《吾暇堂类稿》《箧书别录》《中国书学浅说》等。

② 金松岑（1873—1947），原名懋基，又名天翮、天羽，字松岑，以字行，号壮游、鹤望、天放楼主人等，笔名金一、麒麟等，江苏苏州人。青年时期热心宣传革命，后致力于教育、诗文及学术研究，历任吴江县教育局局长、江南水利局局长、安徽省通志馆编纂等职。著有《天放楼集》《女界钟》《孤根集》等。

③ 李宣龚。

笺　释

一

此札虽未署年月，然札中言及诸宗元去世事，而诸宗元去世于民国二十一年（1932），故知此札为金松岑书于是年，是年金松岑五十九岁，徐乃昌六十四岁，李宣龚五十六岁。由札中所述可知，金松岑并不认识诸宗元，惟惺惺相惜也；与诸宗元交好者乃李宣龚，其后事亦多由李宣龚代为张罗，故五元帛金交由李宣龚代收。

钱基博《现代中国文学史》中论及李宣龚时，谓："宣龚有诗友二人：曰新建夏敬观剑丞，曰绍兴诸宗元贞壮。宗元审曲面势，善使逆笔，而造语用意，胥求透过一层者。惜其太少。而宗元以为得此已足；若必求益，则卖菜佣所为已。"而诸宗元、夏敬观又有"二妙"之称。

李宣龚为"商务四老"之一，民国二年（1913），诸宗元亦由李宣龚、郑孝胥为介，得以进入商务印书馆任职编辑。《郑孝胥日记》载："贻书欲为杨子勤求入印书馆编译所，余商之菊生，苦于无可位置。李梅庵、诸贞长皆欲去，菊生云，惟贞长可请编尺牍……"又有："拔可来函，托为诸贞长入编辑（译）所事，询之菊生。"以及："菊生言，诸贞壮入编译所已决议。"嗣后李宣龚、诸宗元时常一起出入郑孝胥宅。民国五年（1916），夏敬观亦供职于商务印书馆，此数年间，为李宣龚、诸宗元、夏敬观来往最为密切的一段时间。

诸宗元去世后,李宣龚作有《哀贞壮》诗三首,其一为:

　　失君垂兼旬,触念始一哭。吾宁木石人,忍痛实在腹。撼床病如山,猝发制难伏。中虚迫暴下,趋死势益速。遗诗出口授,屈强仍可读。方期留须史,微命待一卜。凌晨欠走视,不谓遽就木。形骸虽委化,疾世尚张目。壁间果何有,仰此半椽屋。

而诸宗元生前亦赋有《答映庵并示拔可》:

　　平生寡结交,所交非常人。曰有夏与李,为我平生亲。

　　诸宗元生前尝筑藏书楼于杭州西湖红柏山庄,颜之以"默定书堂"。此堂号源自诸宗元极慕魏源及龚自珍,二人分别字默深、定庵,故各取一字,合为堂号。惜民国十八年(1929),默定书堂不戒于火,所藏图籍尽付祝融,而诸宗元因藏书被焚,痛心疾首,竟至一夜白头。此后诸宗元一直生计颇艰,故谋入商务为役。诸下世后,殓葬诸事皆由李宣龚等友人相助,始得入土为安。其遗集《大至阁诗》亦由李宣龚、梁鸿志代为搜集、整理及出版。人生一世,得友如此,深无憾矣。

二

　　关于金松岑堂号"天放楼"的得名缘由,向有两种说法。一者谓出自《庄子·马蹄》："彼民有常性，织而衣，耕而食，是谓同德。一而不党，命曰天放。"释者谓取其向往自然之意，与其名"天翮""天羽"一样皆反映向慕自由之性情。金松岑有"爱自由者"笔名，二者用意一致，可略窥金松岑心性。

"天放楼"得名的另一说法，出自徐宏慧《一代宗师金松岑》，谓天放楼之得名，起源于金氏所翻译的《摩哈麦德传》。该书讲述的是穆罕默德统一阿拉伯半岛，并创立伊斯兰教的历史，而伊斯兰教的发源地麦加则被称为"天方"。1897年，金松岑等人在同里成立雪耻学会，活动地点就在自家的藏书楼，为了赋予雪耻学会更深刻的意义，其将活动地点取名为天放楼。徐宏慧称："把'方'改为'放'，多了个'文'字旁的寓意是，想用文章唤醒天下。"

金松岑晚年安贫乐道，以卖文课徒为生，弟子颇多，其中如王謇、王大隆、范烟桥、费孝通、潘光旦等，皆一时俊彦。王謇《续补藏书纪事诗》中有赋天放楼藏书及结局：

> 经师人表宾朋满，天放楼高处士家。痛哭山隤梁木坏，遗书徙载到清华。

金松岑身后藏书归清华一事，经手人为潘光旦，王謇诗下注称："潘君光旦仅于先一年南来执弟子礼一见，闻遭心丧，叩言诸清华大学当局，携四万金赙其遗属，而专车北上，保存其遗书，真当世之厚道人也。"

金松岑去世后，弟子王大隆建议私谥"贞献先生"。《金松岑先生墓表铭》残碑今尚存，又称《贞献先生墓表铭》，徐震撰文，潘昌煦书丹，吴敬恒篆额，文曰："贞献先生之卒，吾友王大隆书来告哀，且曰：'哀刻遗著，我任之，墓石之文以属吾子。'……贞者，正有干也；献者，贤而睿也。诠行易名，允当斯谥。"

李军所撰《王欣夫先生编年事辑稿》又记："金氏卒后，其选钞本数十种家人皆视为废纸论斤卖去，先生于冷摊得《箨石诗选》《箨石诗隽》及《黎二樵诗选》等数种。"

虽沦为废纸，然楚弓楚得，亦堪欣慰。

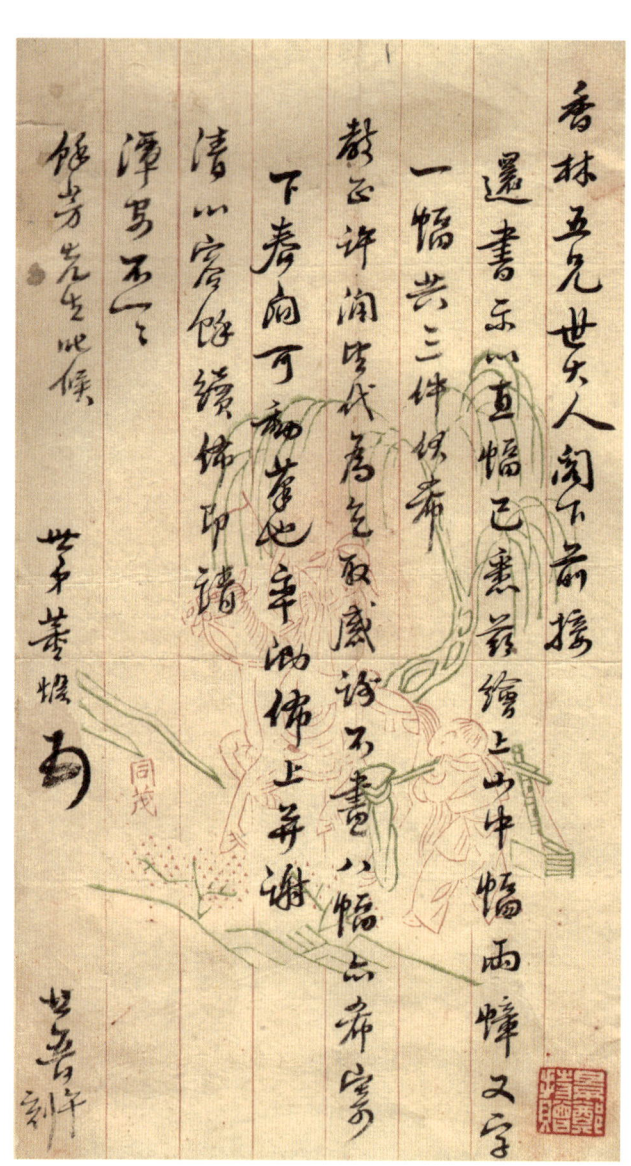

一八　董燿致香林

香林五兄世大人閣下前接

還書承以直幅已囑弟繪上山中幅兩幛又字

一幅共三件俟弟

教正許涵芬代為之取愁遊不書八幅去希擬

下春兩可繳茝此奉泐佛上等謝

清心齋餘續佛印譜

漳寫不一

雄安方老先生此候

　　　　　弟董燿

　　　　　　　　　拜

此董燿手札一通爛字繼華端拈艷浙江秀水人父榮字樂閒自諡梅涇老農

畫受石門方薰指授山水人物花鳥草蟲多稱精妙尤善寫蔬果點染生新書

法於褚薛愛祝允明行卿著有畫學鈎玄其争子陳蓮汀銘能傳其緒攤冰家

學畫工山水而於冰其父指授博覽羣書搜彥及内典道光咸豐間父子畫名俱

著禊川今邑東偁載藻事蹟而尔又燿彥所遍逺燿畫今尔稀佳筆札更少

先兄羨得明清畫苑大觀亦未詳其父子事蹟世此札另有所考書史中另立傳未

羅先印本　　　逸梅弟可補畫苑大觀之逸馬乙未九月三十日濬臾鄭誠

齋樺茲輝秀水丹青妙筆碎鴻百年遺獻誰重閒書

苑亦空曠　短簡羽鱗漫展殘遺風雨肯派奉君一絃心徐

宕好入錦囊叢　　調寄錦堂春

逸梅弟指正　　　　寧己雲樵

释　文

香林五兄世大人阁下：

前接还书，示以直幅，已悉。兹绘上山中幅两幛，又字一幅，共三件，伏希教正。许润望代为乞取，感谢不尽。八幅亦希寄下，春间可动笔也。率泐布上，并谢清心，容余续布。即请

潭安，不一一。

余芳先生叱候。

世弟董燿①顿首

廿五日午刻

铃：景郑持赠

题记：

此董燿手札一通。燿字继华，号枯匏，浙江秀水人。父棨②字乐闲，自号梅泾老农，画受石门方薰③指授，山水、人物、花鸟、草虫，多称精妙，尤喜写蔬果，点染生新，书法颜褚，兼爱祝允明行草，著有《画学钩玄》，其弟子陈莲汀铣④能得其传。燿承家学，画工山水，亦能承其父指授，博览群籍，旁及内典，清道光、咸丰间，父子画名俱著。濮川今邑乘仅载棨事迹，而不及燿，当所漏遗。燿画今亦稀传，笔札更少。先兄曩辑明清画苑尺牍，亦未访得其父子手迹也。此札卅年前无意中得之，幸未罹厄，即奉逸梅翁，可补画苑尺牍之遗焉。

己未十月二十五日，潘景郑识

乔梓并辉秀水，丹青妙笔残鸿。百年遗献难重问，画苑亦空蒙。　　短简羽鳞漫展，几多风雨留踪。奉君一纸心珍寄，好入锦囊丛。

调寄《锦堂春》。

逸梅翁指正。

寄沤呈稿

钤：景郑、景郑倚声、己未七三翁、荥阳宗老

小　注

① 董燿（1800—1883），初名炳垣，字继华，一字小农，号枯匏、寿鸳老人，浙江嘉兴人。画家董棨之子，亦精书画，其平远山水枯淡有神，工小楷。著有《养素居诗稿》。

② 董棨（1772—1844），字汉符，号乐闲、石农，别署梅泾老农，浙江嘉兴人。清代画家、篆刻家，往来于嘉兴、湖州等地，生性节俭，所得书画润资大半接济乡里。著有《养素居画学钩深》。

③ 方薰（1736—1799），字兰士，号兰坻、兰如、懒儒、长青等，别署语儿乡农，浙江桐乡人。精书画，深得宋元人精髓，尤工写生，与奚冈齐名，并称"方奚"。著有《兰坻诗钞》《山静居画论》等。

④ 陈铣（1785—1859），字春台，号莲汀、抱瓮、幼庵、梅泾外史，浙江桐乡人。清末书画家，画学董棨，书学梁同书，书画皆卓绝一时。性豪逸，喜吟咏，好古精鉴。

笺　释

　　郑逸梅先生《纸帐铜瓶室文丛》之《小富则集而藏》中记有此札，《补遗之三》文中称潘景郑见贻的书札特别多，并举例若干，谈及此札时谓："有董枯匏札，董工山水及蔬果，陈莲汀从他为师，书札流传绝少。当时潘博山辑《明清画苑尺牍》，枯匏手迹，付诸阙如，这札由景郑在无意中得之，可是《明清画苑尺牍》已印刊成书，不及收入了。"

　　此札上款"香林"未知何人，札中文字言及"许润"，可知董燿尝有鬻画经历。1878年7月31日《申报》刊登有广告《书画镌刻助赈》："濮院镇书画诸名家，现悯豫省奇荒，咸减润例以助赈款。计扇件或书或画只收大钱百文。其中如董枯匏先生，耆儒硕望，尤足弁冕群英，至其余诸君姓氏及寄交地址，详列于本报后幅告白，姑不赘述。"此助赈广告又列有同一时期鬻画者之润格："上海员畴渔隐立愿画石五百件，扇面册页每张止收大钱二十文。金君免痴又立愿行书五百件，扇面册页每张四十文。"由是可见董燿润格远高于同时期濮院诸家。

　　谭献曾撰《董处士家传》，谓董燿幼秉异慧，五岁就读，偶见《弥陀经》，遂嗜释氏内典家言，过目成诵，并且十岁时即撰有《弥陀经注》。蒋宝龄《墨林今话》又记尝携子于香海寺识得董燿，并"曾见其于贝多叶上写经十余种，细如蝇头，未易为也"。可知董燿与佛门甚为亲近。

　　董燿著有《养素居诗》，其中诗作多有出尘之意，如《题钱小林梅花亭图》诗云："亭前香不断，无数梅花林。明月忽当户，幽人空此心。举头见孤鹤，挥手弹清琴。应梦罗浮去，云山深复深。"
又有《咏闽兰不开花》，诗云"孤芳不媚世，空谷甘寂寞"，意颇
旷远。然谭献《家传》谓其"方壮盛日，锐乎有用世志，顾连失
意有司试，侘傺成心疾，三载病矣"，后得友人驰书相慰，始得爽
然，继而寄意诗画，友教邻邑。可知佛门之无欲，未必不出自仕
宦之企望。

《清稗类钞》有记陈彝赠书董燿事，颇令人羡。董燿尝为
仪征陈氏塾师九载，授课之暇，日往书肆，纵览插架所有，因囊
中羞涩不能悉购，只好每日于肆中读至晡时，方踽踽而归。某年
岁暮解馆归乡时，主人陈彝买舟送行，董燿登舟，则见船上无端
多出许多书来，再视之，皆为昔日于书肆中所见而无力购置者，
讯问船家，谓买舟者所赠，原来是陈彝听闻此事后，购以贻之也。

景郑我兄大鑒 別後轉瞬又大半載矣 前及讀又

授鬻近刊 今裝一冊 價值不能過分低小 有讀處價

郭兄承知為 咸取 于書目一年僅有寫刻本 古書改

新式手情辭 姜薇范佑吟州 全額鬻說五種尚已售去 言拾

出寫書志抄 鈔賣二十種 計二十三冊 请 十三舌以次 教目中 韩頁

来一頁改為母 弟不必價語 賣同人公議約價 而用 郭王为

要 帳償搨佗未敢 過多 你小请去 收為妙 此殘 珍語

道要 弟 王謇 諍稽上 十月廿吉

寶啓兆坐 講月仁 兩道候 家兄

王佩諍先生塞西名弼字諾青清光緒三十一年以童齡秉承庭學企天資穎秀早歲即馳

聲鄉里間年未三十即為成平城訪圈政一署為時所重居掌教蘇州來未大學抗戰未泥任

國專教師建國後又教授蓴東師大晚年浸圈奉諸子而撰扎記積稿盈尺余告見其歿後五十年

之久猶患余十斷心止又因讀業餘拉季師之門過屋基春十年前見以所成諸子扎記稿余乃銘

北京中華書局出版旋以文化大革命作輟稿永未及審還乞今解摘欽必為文遲之降同雁四凶

之虐屆辰博物版二富蓴文相料不歌作一規切語而見以肯魄受某陵有其縱被遲纚郷里弄即

含寬逝世於以年逾八十夫身供遷書五盡歸失余與同寫混演文室商摧真雁類繁憤逃造敕盡他

烟雲塞中祝在一扎為文遲前以藏書為余組末貧乎偶而拾為快覩坂人之面祗惜寒羽塵府

蘭靜靜有由甯甯　遂梅翁擇菜古今人辛遲基富勇臬蓴珠罪珠尋亦元芳故人惘與涌遲慮而

已愛諮既未郷偌桑框村巳未亥冬三畱窨區塘吳興鄭誠

五十翁華　健君深緒淙博新論女魚雁畫飄雲一絃愔倓漪

天連運英違斿鴻猶在斯尋輯珠高蕳詩詳　調寄焦坎人　寄迢並邨

風雨霪光辜撰奈人

释 文

景郑我兄大鉴：

顷韩君来，奉上《大鹤山房尺牍》及投赠诗词合装一册，价值不能过分低小，有端倪后，乞邮函示知，为感。承示书目一单，原有《篆刻随录》《古今宫考》《彩笔情辞》《紫薇花馆吟草》《金箱荟说》等五种，业已售去。兹检出《宋玉才诗钞》等二十种，计二十二册，请十三日以后数日中饬韩君来一取为要。弟不定价，请贵同人公议赐价，亦用邮示为要（书单当并还），惟价格不能过分低小，请转致为要。此致，即请

道安。

弟王佩诤①拜上

十月十一日

起潜②兄暨诸同仁前道候。

丁汀鹭③系常州金石专家，《金石记》系关中，非闽中，原文照毕本，系丁汀鹭手钞并手批，夹行书眉甚夥。又及。

钤：景郑持赠

题记：

王佩诤先生謇原名鼎，字培春，清光绪三十一年以童龄录取吴邑庠生，天资擢秀，早岁即蜚声乡里间，年未三十即著成《平江城坊图考》一书，为时所重。后掌教苏州东吴大学，抗战来沪任国专教师，建国后又教授华东师大，晚年治

周秦诸子，所撰札记积稿盈尺。余与君交殆五十年之久，君长余十龄以上，又同请业余杭章师④之门，过从甚密。十年前君以所成诸子札记稿属余介绍北京中华书局出版，旋以"文化大革命"作辍，稿亦未及索还，至今犹欿心焉。"文运"之际，同罹四凶之虐，促居博物馆一室，晨夕相对，不敢作一亲切语，而君以骨鲠受暴凌为甚，旋被逐归里弄，即含冤逝世，于时年逾八十矣，身后遗书亦尽散失。余与君同寓沪滨，文字商榷，鱼雁频繁，惜经浩劫，尽化烟云。箧中只存一札，为"文运"前以藏弆属为介绍求售者，偶而检得，恍睹故人之面，只惜零羽廑存，护持无由。闻吾逸梅翁搜集古今人手迹甚富，即以奉贻，非敢珍弆，亦乞为故人留点滴遗痕而已。爰志颠末，聊供采撷。

时己未孟冬二十四日，寄沤潘景郑识

五十韶华，忆君深绪添凄断。论文鱼雁尽飘零，一纸情怀满。　　风雨霁光幸换。奈人天、迢递莫谊。片鸿犹在，敝帚移珍，高窗许伴。

调寄《忆故人》。

寄沤呈草

钤：景郑跋语、己未七三翁、景郑填词

小　注

① 王謇（1888—1969），字佩诤，号瓠庐，晚号瓠叟，室名淞滨

小庐、瀣粟楼，江苏苏州人。藏书家，金石学家，历任苏州东吴大学教授、苏州美专校董以及华东师大教授。撰有《宋平江城坊考》《吴中氏族志》《续补藏书纪事诗》等。

② 顾廷龙（1904—1998），字起潜，文献学家，版本目录学家。民国间曾与叶景葵、张元济等创办合众图书馆，解放后任上海图书馆馆长，主编《中国古籍善本书目》，著有《说文废字废义考》《四当斋藏书目》《顾廷龙书法选集》等。

③ 丁绍基，字听彝，号汀鹭，江苏武进人。同光间曾官直隶鸡泽、邢台知县，著有《求是斋碑跋》四卷。出身经学世家，祖父丁履恒，父丁嘉葆，皆有著述传世。

④ 章太炎。

笺　释

　　王謇所作《续补藏书纪事诗》，最为爱书人所喜。潘景郑尝为之作《〈续补藏书纪事诗〉跋》，跋文中述及两人过从事："余与君同里闬，弱冠缔文字之交。君长余十年以上，望庐咫尺，过从无间。抗战来沪，余时任合众图书馆职事，君经常来馆，语极殷切。洎后终老沪上。"跋文中亦谈诸子札记稿之事："居沪后，研治周秦诸子，有札记若干种，其已行世者，只《盐铁论札记》一书，其他诸子札记已成稿者，曾属余介绍中华书局出版，不幸动乱之际，未及成议，稿亦未得返璧，至今引为憾事。……闻诸子杂记稿尚弄中华书局，倘能垂诸不朽，亦足以慰君九原矣。"此跋写于丁巳夏，即1977年，王謇已下世八年。此跋后亦附词一阕，谓"调寄《玉京秋》"：

> 前梦远。乡尘历风雨，卅年留券。麈挥岁月，江于巢燕。高府栽桃育李，看成林、还偿心愿。伤屯蹇。疾风摧折，泪与花溅。　　一卷重温遗献。恁凄迷、心期缱绻。最欲怀，宏编零落，名山难践。怅隔人天，把别绪、看作烟云呈现。剩苔藓。三径苍茫犹恋。

王謇札中所称丁汀鹭即丁绍基，又字听彝，同光间曾官直隶鸡泽、邢台知县。丁绍基出身朴学世家，其祖丁履恒，师从卢文弨，兼常州经学开山庄存与孙婿，有《说文形声类篇》等传世，《清代朴学大师列传》有其传。其父丁嘉葆曾任贵州学政，尤嗜金石，有《历代金石目分域编》。赵烈文分纂《畿辅通志·金石》时，丁绍基参与同修，出所藏其父稿本《历代金石目分域编》供其摘选。

丁绍基亦有金石之好，著有《求是斋碑跋》四卷，收入张钧衡汇辑《适园丛书》第十集中。王大隆《蛾术轩箧存善本书录》中有《求是斋碑跋四卷》，乃华阳王文焘据赵烈文藏钞本批校并跋本，谓丁绍基"能承其父金石之学"，又谓："忆廿年前贾人有得汀鹭详批毕氏《关中金石记》者，以有绍基名，诧为何子贞手稿，而笔迹又不类，强谓黄仲弢'基''箕'可通用。余心识为汀鹭，卒归我插架。方拟条录成书，而日寇犯苏，仓皇奔避。及归，则残帙遍地，已失所在。"

王大隆所跋可与王謇此札对应而观，王大隆所谓"贾人"很可能即王謇所称"韩君"，而玩其语意，王大隆所得《关中金石记》亦有可能即为王謇售出之物。

对酒当歌，人生几何！譬如朝露，去日苦多。
慨当以慷，忧思难忘。何以解忧？唯有杜康。
青青子衿，悠悠我心。但为君故，沉吟至今。
呦呦鹿鸣，食野之苹。我有嘉宾，鼓瑟吹笙。
明明如月，何时可掇？忧从中来，不可断绝。
越陌度阡，枉用相存。契阔谈讌，心念旧恩。
月明星稀，乌鹊南飞。绕树三匝，何枝可依？
山不厌高，海不厌深。周公吐哺，天下归心。

先師太夷先生喪書不多作晚歲屬字流溪為人祛翰多行他為全書篆
行五言聯語多一珠字世件年不肯失謹此中之殺書明筆不施余屋之遠雇不藏悵
開廢渡抗戰初期師遠墨流入吳市余以雪住將往還轄及書件頗多有余
掃行帅降小修惘均未署名遂积文遠杆同時失去度經久不澹可雅蹤
夫少辛書魏武諸一模當是晚期敢後料筆墨遙大小篆兆一燿自非嘗過六
青昌兆錄什谂拾好　逸翁為侶徐溶一居踪庭物歸有兩年　逸翁以為呈至看
師門考浄久暫身而窗殘葵芎羊風雨多少假素祗夢紫楚考
一派映相近景楠猜見清明　顔吳珠翻好編行绿杜衙　清華瑀王
玉未青十曾苐十潘承弼諸戲於溪唐面来赋窝椅
逸翁正討
　　旁匡吳州　　　　　　　　　　［印］

释　文

对酒当歌，人生几何？譬如朝露，去日苦多。慨当以慷，幽思难忘。何以解忧？唯有杜康。青青子衿，悠悠我心。但为君故，沉吟至今。呦呦鹿鸣，食野之苹。我有嘉宾，鼓瑟吹笙。明明如月，何时可掇？忧从中来，不可断绝。越陌度阡，枉用相存。契阔谈燕，心念旧恩。月明星稀，乌鹊南飞。绕树三匝，何枝可依？山不厌高，海不厌深。周公吐哺，天下归心。

钤：太炎、景郑持赠

题记：

先师太炎[①]先生篆书不多作，晚岁鬻字沪滨，为人染翰多行体。曾为余书篆行五言联语各一，珍守卅余年，不幸失诸戊申之役。去岁明策下施，余屡乞返璧不获，怅惘靡涯。抗战初期，师遗墨流入吴市，余以重值收得遗稿及书件颇多，有篆隶行草屏障十余幅，均未署名，遂于"文运"中同时失去，庋经散失，不复可踪迹矣。此手书魏武诗一帧，当是晚期旅沪时笔墨，运大小篆于一炉，自非贯通六书，曷克臻此。兹检赠逸翁，为儒林添一名迹，庶物归有所耳。逸翁以为然否？

己未十月十四日，弟子潘承弼
谨识于沪滨西康路寓楼

师门手泽久零星。尚留残英。卅年风雨多少，倾囊只梦萦。　　楚弓一纸笑相迎。景榆犹见清明。愿君珍袭好，缩纻结杜蘅。

　　　《清华引》。呈

逸翁正讹。

　　　　　　　　　　　　　　　　　寄沤呈草

　　钤：景郑寄痕、景郑倚声

小　注

① 章太炎（1869—1936），原名学乘，字枚叔，后易名炳麟，号
　太炎，浙江余杭人。近代国学大师，研究范围兼涉小学、历史、
　哲学、政治等，著述极富。

笺　释

　　《著砚楼书跋》潘老自序称："弱冠以还，略识为学之径途。
余杭章师，诏示经史之绪；霜厓吴师，导游词曲之门。"潘老与章
太炎的师徒因缘，始自民国二十年（1931），是年李根源向章太炎
推荐潘景郑，章太炎欣而纳入门下，回复李根源信称："潘景郑年
在弱冠，文章业已老成，来趣吾门，何幸有是。世道陵夷，偶有
一粗毕五经者，诚心问学，吾亦拱立而接之，况如景郑辈耶？"

　　章太炎复李根源札嗣后得潘景郑保存，1982年，潘老复将此
札与所存另外九通章太炎书札交《社会科学战线》发表，并加跋
语，其中言及："右先师太炎章公手札，都十通，为行箧仅存遗泽
之一。溯自弱冠后，李丈印泉知予方治文字之学，即寓书章公，

为执贽之请。公复书谓'偶有一粗毕五经者，诚心问学，吾亦拱立而接之'云云。由是得李丈导引谒公于沪上，北面执弟子礼。洎后数年，岁时来沪，辄趋谒奉教。迨壬申癸酉间，公讲学莅吴，时与记录之责。后公徙居吴中，创设学会，编刊《制言》，并皆参与其事。先后垂十年，谆谆诲谕，亲益实深。"

此跋中称"壬申癸酉间，公讲学莅吴"，乃指1932至1933年间，李根源、金天翮、张一麐等在苏州发起讲学，函请章太炎莅临讲演，并商议成立国学会。1935年，章太炎在苏州锦帆路50号公馆内正式成立章氏国学讲习会，并聘潘景郑为讲师。讲习会同时办有会刊《制言》，为此章太炎曾于1934年写信给潘景郑，邀其协助办刊："顷因讲习会须出杂志，欲劳足下稍以笔著协助，望弗推辞。"

潘老终生对章太炎极为尊崇，苏州沦陷期间，章太炎遗著手稿散失，乃潘老斥巨资购得，精心装池后，捐献给上海图书馆。1936年章太炎去世，1938年章夫人汤国梨在上海成立太炎文学院，潘老亦前往任教。

当年与潘老同时就学于章太炎者尚有王謇，前札中潘老题记有称"余与君（王謇）交殆五十年之久，君长余十龄以上，又同请业余杭章师之门，过从甚密"。

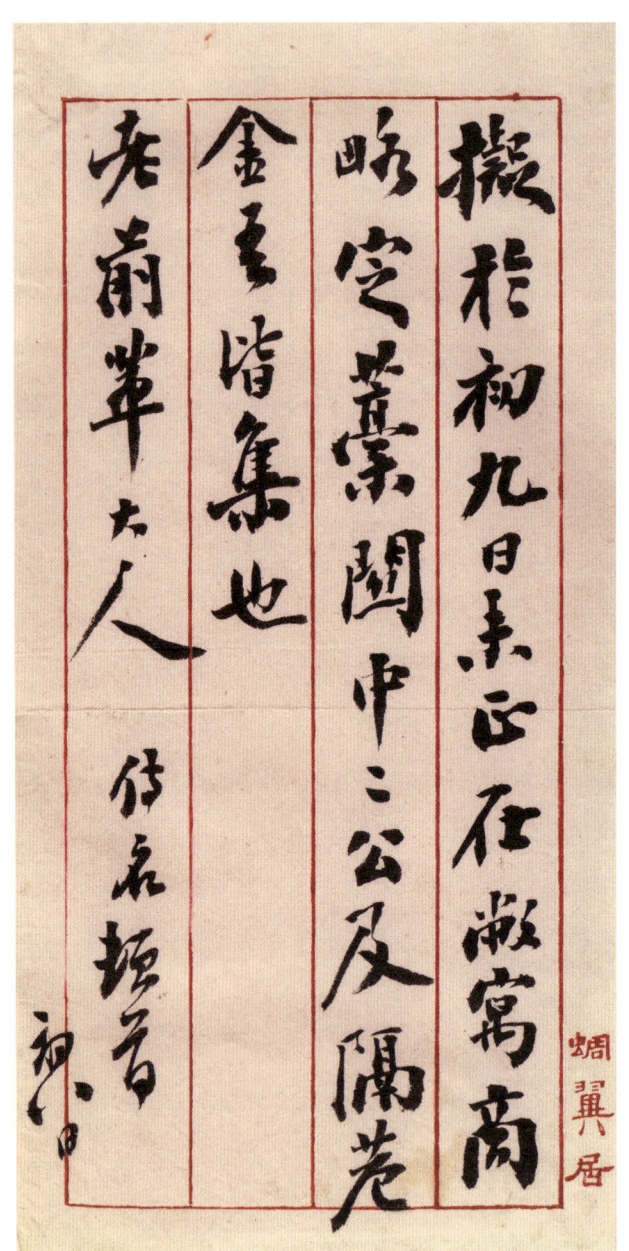

二一　翁同龢致潘祖荫

擬於初九日夤正在敝寓商
略定藁閱中三公及隔巷
金石皆集也

老前輩大人 侍生頓首

蝯翼居

松禪老人與先祖譜契公為情感之兩石种同登甲第又與先翰庭

叔祖同庚同寅二十年之交結昆弟道兩家若苦有所因未嘗一晤珠

庚百里相望音問久绝不相往來乙丑五十年夫此歲始識賢喬宗慶童申

故誼深誼翁氏後继有人遠隣于長家藏松禪遺墨野惜史後棠

蓋諮終室七短簡一紙雅未署名而年壽子親而用綢裏底紅裴為丟襲

用尚純龙金若佗涇為上款耕老前非睾丟道先松祖登咸辛二年探花前松

祥兩神魏乃氏稱調諸扎中有云商晚定稿是必有義叙板不絕直藏署

名馬 逸茅妤慈羅荷人陰同崇以其始庭去坼那依歸新以纮一敗稻

早緣行此叶已末垂拿冒清東嵐試扵滬信雨屏戏筍德

夢窗涅 蜀將片翊薈萢收拾廖鏥囊新錮瓶纮

悵伴晨昏寸心是名忘恩 調考蓋歸巢拜矦

逸梅詞壇 正兔 密邑詞人王稿

释　文

拟于初九日未正在敝寓商略定稿，关中二公及隔巷金吾皆集也。

老前辈大人

侍名顿首

初八日

题记：

松禅[1]老人与先祖谱琴公[2]为清咸丰丙辰科同登甲第，又与先郑庵叔祖[3]同庚，同官三十年，年久结昆弟谊，两家苔芩有所由来。鼎革以后，苏虞百里相望，音问久绝，不相往来已四五十年矣。比岁始识贤裔宗庆，重申故谊，深钦翁氏后继有人，遗泽方长。家藏松禅遗墨甚夥，惜更沧桑，零落殆尽。此短简一纸，虽未署名，而笔意可睹，所用蜩翼居红笺为其常用简纸，尤足为佐证焉。上款称老前辈者盖先叔祖，登咸丰二年探花，前松禅两科，疑以此称谓。读札中有云商略定稿，是必有所机密，故不能直截署名焉。逸翁好蒐罗前人尺牍，因举以为赠，庶兹片羽攸归，并以结一段翰墨缘，何如？

时己未孟冬四月，潘景郑识于沪滨西康路寓楼

名笔松禅字字珍。百岁烟云。虞山乔木溯朱门。沧桑换、梦重温。　　留将片羽苔芩护，收拾处、锦囊新。铜瓶纸帐伴晨昏。寸心是、乞长恩。

调寄《燕归梁》。拜呈

逸梅词坛正是。

寄沤词人呈稿

钤：雪泥鸿爪、己未七三翁、景郑题痕、景郑倚声、戊午大利

小　注

① 翁同龢（1830—1904），字叔平，号玉圃、瓶笙、瓶庐、松禅等，别号天放闲人，谥文恭，斋名有�蜩翼居、紫芝白龟之室、瓶庐等，江苏常熟人。咸丰六年（1856）状元，曾为光绪帝师，晚清重臣，支持变法，戊戌政变后遭革职。工书善画，尤以书法闻名，为同治、光绪间书名最盛者。

② 潘祖同（1829—1902），字桐生，号谱琴，富藏书，斋名竹山堂、岁可堂，江苏苏州人。潘世恩次子潘曾莹的长子，潘承厚、潘承弼之祖父。著有《竹山堂联语》。

③ 潘祖荫。

笺　释

　　翁同龢与潘祖荫有许多相同之处，两人同庚、同登翰林、同朝为官，又同喜藏书，终生为挚友。但两人亦有不同之处，王伯恭《蜷庐随笔》有记"潘翁两尚书"云："光绪中，吴县潘伯寅、常熟翁叔平两尚书皆以好士名。潘公断断无他，尤为恳到，翁则

不免客气。潘公不好诣人，客至无不接见，设非端人正士，则严气正性待之；或甫入座，即请出。翁则一味蔼然，虽门下士无不答拜，且多下舆深谈者。此两公之异也。"

清人笔记中多有云两人皆天阉者，虽为野史，不知确否，然两人皆无后，同过继族子为嗣却是事实，且潘祖荫身后过继事，乃翁同龢一手主之。

潘祖荫去世于光绪十六年（1890）十月三十日，是日《翁同龢日记》载："李兰荪信来，云伯寅疾笃喘汗，急驰赴，则凌初平在彼开方，已云不治矣。余以参一枝入剂。入视则伯寅执余手曰：'痰涌恐难治矣。'尚手执眼镜看凌方，汪汪然也。李若农至，曰：'参、附断不可用，舌焦阴烁，须梨汁或可治。'余曰：'梨汁救命耶？'再入视益汗。余往横街，甫入门而追者告，绝矣！徒步往哭。余所定三事：曰棺木，则呼赵寅臣嘱之（八百金）；曰过继，则呼仲午写一字，以其子树犿为伯寅后；曰夷床，伯寅危坐告终，不平卧，则将龛敛矣。余事为写一单，嘱同乡办。兰荪亦来，是夕宿横街，通夜不寐。"《翁同龢自订年谱》亦有记："潘伯寅以是月晦殁于京邸。平生故人唯伯寅为莫逆，殡殓皆亲其事。"

翁同龢曾为撰挽联："金石录十卷人家，叹君精博；松陵集两宗诗派，剩我孤吟。"《金石录》为赵明诚、李清照夫妇所著，有南宋龙舒郡斋刻本及开禧元年赵不谫刻本，明代时已晦而不显，惟以钞本流传。清初冯文昌偶得宋版残书十卷，惊喜而刻藏书印一枚，印文曰"金石录十卷人家"。嗣后此十卷残书辗转于数位藏书家架上，每得此书者，皆治"金石录十卷人家"藏书印一方。

光绪年间，此书归于潘祖荫滂喜斋，潘亦治此印以铭其功。挚友驾鹤，翁同龢为撰挽联，死生之间所念，仍然不忘藏书之事，亦至情至性也。

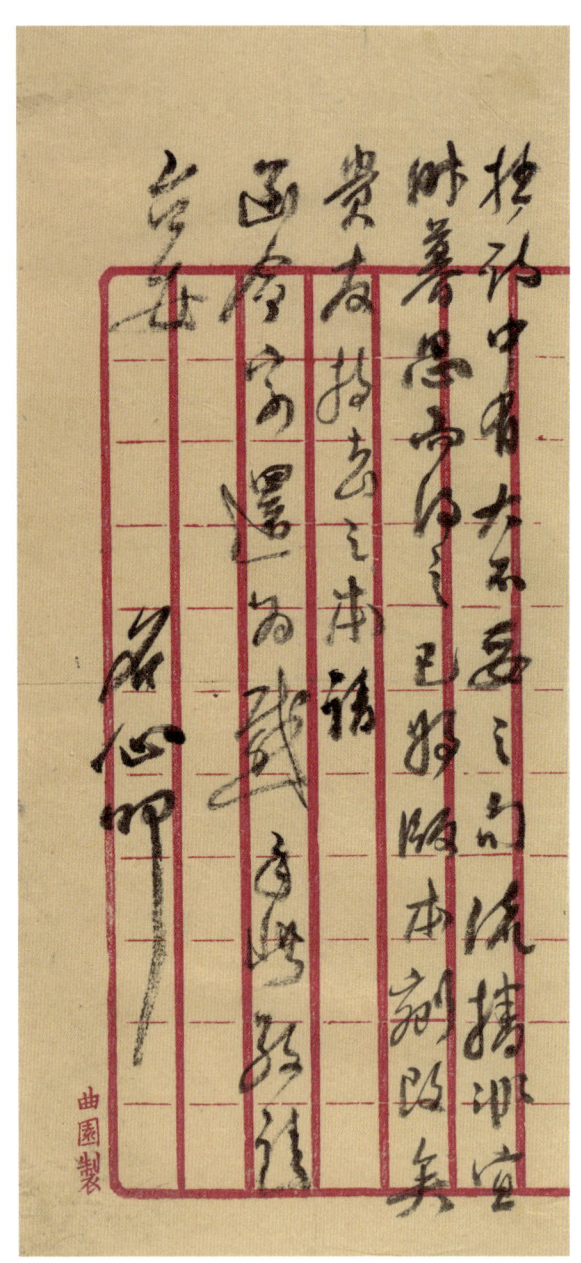

此曲園先生政先祖短札一頁偶於叢殘中拾得之先生与先祖为

农同年光緒初同寓吳中先生而著者經于平減時为先祖南權訂鴻並雁絰迄頗繁

先生窩醫科離散家甚通歲付畫議誠之歡先祖平於光緒登印越歲免之亦下卅

余生也晚己平及見家藏免之遠札事象成兩宮所惜岑存家鄉为煤妃論斤以畫止短札未及

付类失雜書中書以其存札云討中有大不盡廣己將版平剞改諳亦以見前頗蕭遠之而莒有

鴻必訊止馬今揘幸 遠翁藏之聊當一脟之来何知己未有旨潘景鄭識

拾墨一雁鳴痕春在鋒莊翠鄭重出岑訪番並勖学涘保去 藤箋巳丞星卅載

隆流水積習莒芗餹希長葭珠心歐 卜筭子 雪汪義嶠

释 文

拙诗中有大不妥之句，流播非宜，昨暮思而得之，已将版本剜改矣。贵友持去之本，请函命寄还为感。手此，敬请

台安。

名心叩

题记：

此曲园先生致先祖短札一页，偶于丛残中捡得之。先生与先祖为清咸丰丙辰同年，光绪初同寓吴中，先生所著《经子平议》，时与先祖商榷订讹，鱼雁往返频繁。先生寓马医科，离我家甚迩，岁时尽谈谶之欢。先祖卒于光绪癸卯，越岁先生亦下世。余生也晚，已不及见。家藏先生遗札曾装成两厚册，惜留存家乡，为嵊侄论斤以尽。此短札未及付装，夹杂书中，幸得具存。札云诗中有大不妥处，已将版本剜改语，亦以见前贤著述之不苟，有讹必纠正焉。今检奉逸翁藏之，聊当一脔之集何如？

己未十月七日，潘景郑识

检点雁鸿痕，春在余苍翠。郑重幽吟订鲁鱼，勉学添深意。　膳箧已零星，卅载随流水。积习苔芩馈帚珍，长护殊心慰。

《卜算子》。

寄沤呈稿

钤：己未七三翁、景郑手痕、景郑填词

笺 释

俞樾室名春在堂，是故潘老词作中有"春在余苍翠"之句。道光三十年（1850），俞樾考中进士，参加殿试时，曾国藩为主试官，以"淡烟疏雨落花天"出题要求赋诗，俞樾遂赋五言排律一首：

花落春仍在，天时尚艳阳。浓淡烟尽活，疏密雨俱香。鹤避何嫌缓？鸠呼未觉忙。峰鬟添隐约，水面总文章。玉气浮时暖，珠痕滴处凉。白描烦画手，红瘦助吟肠。深护蔷薇架，斜侵薜荔墙。此中涵帝泽，岂仅赋山庄。

该诗深得曾国藩激赏，认为咏落花而无衰败之气，俞樾由此而得"殿元"，并被曾国藩赞为"此生他日成就，未可量也"。斯事为俞樾终生所铭，屡屡提及，《春在堂记》云："余自幼不习小楷书，而故事殿廷考试尤以字体为重。道光三十年，余成进士，保和殿复试获在第一，人皆疑焉。后知其由湘乡相公。时相公以礼部侍郎充阅卷官，得余文，极赏之，且因诗首句云'花落春仍在'，谓与小宋'将飞更作回风舞，已落犹存半面妆'无异，他日所至，未可量也。遂以第一进呈。……聊以解嘲，因颜所居曰'春在堂'。"

相似表述在《春在堂记故事》《春在堂随笔》中皆有出现，文字大同小异。俞樾一生著述极多，曾国藩曾有"李少荃拼命做官，俞荫甫拼命著书"之论，潘老札中所称"经子平议"即《群经平议》《诸子平议》之合称，他著尚有《古书疑义举例》《茶香室丛钞》《曲园杂纂》《春在堂杂文》等等，后总编为《春在堂全书》，凡二百五十卷之多。

《俞樾函札辑证》收有致潘祖同书札九通，其中多有回复"承询某某"句，如回复潘祖同"擘窠""四府"之所出，"宪圣"系指宋高宗之吴皇后，亦有答"彭子寿不知何人"等语，可见潘祖同时有向俞樾请教。而俞樾遇有未知处，亦直言不知，的确知之为知之，不知为不知。俞樾亦有向潘祖同请教者，然多在请其检示某书，以便知悉不同版本之异同。仅就此九通信札看来，则俞樾学问优，潘祖同藏书富。

二三　杨岘致李大人

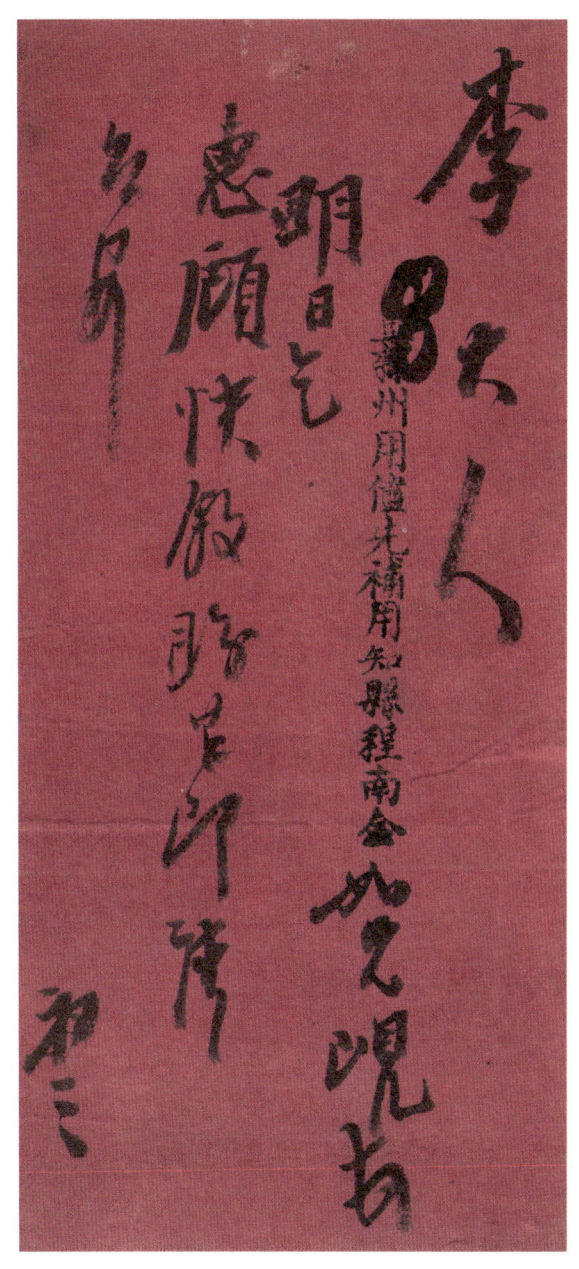

李大人

麟州用僧札補用知縣程南金如兄現有

明日乞

惠顧快敍餘不宣即請

台安

杨三

楊見山便箋一紙上款稱李夫人而不署款右下署如兄列右

其人省有金蘭之契見山浙以歸未人清咸豐中舉人考掾常

州二府一祿書字體別具丰神自有創格文章亦有變化不受前

人牢籠亦著有進鴻新語文采英異刻凡未業當為刊行世此札稱穿之

蓋絡而面目具在在一□一窩之膏印章　遠翁沙彌毛未

十月初九日海東鄭誦于滬上西原孤寓樓

短简殘鱗未搜珍捃廣運鴻錦箋新緻帳綢罷

聊作伴與君畫氣最相親　浪淘沙　景鄭

释　文

李大人：

　　明日乞惠顾快叙，盼甚。即请

台安。

如兄岘①顿首

初三

题记：

　　杨见山便简一纸，上款称"李大人"而不署款名，下署"如兄"，则与其人当有金兰之契。见山浙江归安人，清咸丰中举人，曾权常州知府，工隶书，字体别具丰神，自有创格，文章亦有变化，不受前人藩篱，所著有《迟鸿轩诗文集》，吴兴刘氏嘉业堂为刊行世。此札虽寥寥数语，而面目具在，存之可当一脔之尝。即奉逸翁哂纳。

己未十月初九日，潘景郑

识于沪上西康路寓楼

　　短简残鳞亦堪珍，抚展迟鸿锦笺新。纸帐铜瓶聊作伴，与君意气最相亲。

　　《浪淘沙》。

景郑

　　钤：景郑题痕、寄沤倚声

小 注

① 杨岘（1819—1896），字季仇、季述，一字见山，号庸斋，别署老藐、迟鸿残叟，室名迟鸿轩、受经堂，浙江湖州人。咸丰五年（1855）举人，曾入李鸿章、曾国藩幕，五十岁后负责海道漕运事务，官至松江知府，因得罪上僚被罢，晚年寓居苏州。以书法、金石名世，著有《庸斋文集》《迟鸿轩诗文弃》等。

笺 释

杨岘《迟鸿轩诗文弃》尝有光绪十一年（1885）刻本。以"弃"名集，作者在自序中有所解释："与友议不合，焚之，是为一弃；从经师游，师谓诗古文可作而不可作，惧闲治经之心，是为再弃；客秦中，或将拙稿去不归，是为三弃。"故名诗弃、文弃。

民国二年（1913），南浔刘承幹重梓该书，汇入《吴兴丛书》。《求恕斋日记》民国元年五月二十五日载："午后因前日汪符生刺史携到其外舅《杨藐翁年谱》，并云翁所著《诗文弃》刻后，复以文体尚欠严洁，删去十之一，醉愚劝余重刊，为乡先哲留文献。余亦久有保存乡邦文献之心，允刻其年谱，并取其已刻复删之稿本刻之，然须序以行世，近来为古文者甚少，唐蔚芝侍郎尚称斫轮老手，因托叔初乞其撰文，拟送润资。叔初来说，据蔚芝云润资无须，筹赈孔亟，能惠百元，尤深感荷。余因馈以百元，即以带交叔初。"四日后，金叔初携来唐蔚芝所作《杨藐翁诗文全集》

弁言，及代刘承幹所作跋语一篇。

刘承幹日记中所称汪符生即汪煦，乃杨岘之婿，书法尽得迟鸿轩衣钵，醉愚乃指沈焜。刘承幹日记中频记与吴昌硕往来事，其中民国二年（1913）三月十六日所载言及杨岘："吴昌硕来谈，交来图章两方，余请伊刻也。昌硕云润笔无须致送，其仆从随来，给以洋一元。又《杨葆翁集》伊撰就一跋，亦同交来，谈良久乃去。"

杨岘晚年寓居苏州时，寄意书画，远近求者盈门，多有从其学者，其中以吴昌硕最为著名，自称"寓庸斋内老门生"。刘承幹跋语中亦称："忆俊卿从学时，先生罢官寓吴门，爱之如忘年交，赁居庑下，有作辄呈正，为谈诗学源流正变，及斟酌字句，自朝至暮，无倦容。"而友人诸宗元在《缶庐先生小传》中则称吴昌硕"平昔所服膺者，惟葆翁与伯年，以书画师承在二君耳"。今检吴昌硕《缶庐诗》，其中有《读杨葆翁先生〈迟鸿轩诗集〉，并谢题〈削觚庐印存〉》：

公诗有神公莫嗟，蓁然古调弹铜琶。金石渊渊出歌啸，毫毛茂茂翻龙蛇。披衣当风坐晨气，强项入世侪秋花。笑我耕夫望不及，也思识字来停车。

平生恨未多读书，刻画金石长嗟吁。赠言直抵江山助，大美不在面目腴。眇舞此曲吾乌敢，嗜痂有癖公谁惧。寓庸斋头好秋色，坐我但觉游唐虞。

《削觚庐印存》为吴昌硕印谱，大多作于寓居苏州时期，前有杨岘题扉及题诗。

二四　汪鸣銮致选青

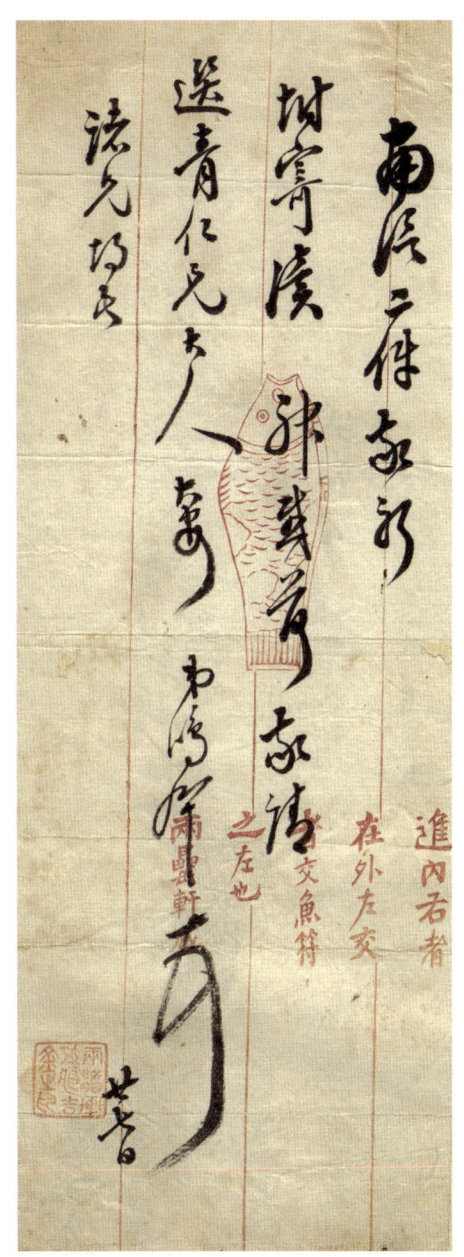

汪柳门先生鳴壑山札一通上款送青不詳其人惟卷首見浙江解元癸巳改

寓吴縣清同治乙丑進士散館授編修官罷走郡在侍郎罷官歸終老於

吴藏書甚富余於其萬柳堂書目一册有宋元本數種身故其子不能

湖守藏奇畫散精本歸涵芬樓餘悉為抗人蔣柳庵所收蔣書後掃

合志圖書歸國內盡覽為先生賞觀圖書經費精拓石鼓與世不重惜其

著述辛刊佈者今汪氏後人亦已彫零長沙俞恪士偶述後此年前故家為木都化

烟雲不禁有滄桑之感此種簡札膽襄中偶並拾及奉貽翁作岳飯

三二不值一哂己未十月旬吴縣湯粟鄞誠

煙雲夢喬木故家遠若柳鄉苔過眼錦鴻當羽作
瓊瑤紙帳銅缾媖　調寄憶江南　覺庵

释　文

　　南信二件，敬祈附寄渎神，感荷。敬请

选青仁兄大人大安。

弟鸣銮^①顿首

廿七日

志兄均候。

题记：

　　汪柳门先生鸣銮小札一通，上款选青不详何人。按先生浙江钱唐籍，改寓吴县，清同治乙丑进士，散馆授编修，官至吏部左侍郎，罢免归，终老于吴，藏书甚富。余曾得其《万柳堂书目》一册，有宋元本数种，身后其子不能嗣守，藏弆尽散，精本归涵芬楼，余悉为杭人蒋抑卮^②所得。蒋书后捐合众图书馆，因得尽览焉。先生曾官国子监，曾精拓石鼓，为世所重，惜其著述无刊传者，今汪氏后人亦已衰落无闻。追忆卅年前，故家乔木，都化烟云，不禁有沧桑之感。此短简于賸囊中偶然检得，奉逸翁作集腋之一，不值一哂耳。

己未十月八日，吴县潘景郑识

　　烟云梦，乔木故家遥。万柳琳琅曾过眼，锦鸿留羽作琼瑶。纸帐铜瓶娆。

　　调寄《忆江南》。

寄沤

钤：己未七三翁、景郑寄痕、景郑填词

小 注

① 汪鸣銮（1839—1907），字柳门，号郋亭，浙江杭州人。同治
四年（1865）进士，历任陕、甘、江西、山东、广东等地学政，
曾官吏部侍郎、总理各国事务衙门大臣等，因主张光绪帝"乾
刚睿断"而遭慈禧疑忌革职，后主讲诂经精舍、敷文书院，精
于说文，长于书法，富藏书。

② 蒋抑卮（1874—1940），谱名玉林，字一枝、抑卮、抑之，号鸿林，
以字行，浙江杭州人。浙江兴业银行创办人之一，嗜古籍，尤喜
经部，藏书处有凡将草堂，其中多有钱塘汪氏万宜楼旧藏，后捐
赠予合众图书馆，该馆为之编有《杭州蒋氏凡将草堂藏书目录》。

笺 释

汪鸣銮藏书处为万宜楼，有《万宜楼善本书目》一卷，其中
著录有宋本十三种，元本十二种。各处皆未见记载其藏书处有万
柳堂，未知是否潘老误记。汪鸣銮之子早夭，过继其弟之子汪伯
春为嗣。伯春曾欲售书予日本人，而遭叶昌炽申斥。汪鸣銮从子
汪原渠尝记："丁未秋，先伯父捐馆舍，原渠旋即出外就食，忽忽
至今，又十年矣。楼居无恙，而故物已渐散佚。"确如潘老所言汪
氏后人衰落无闻，藏弆尽散。

潘老所称汪柳门精拓石鼓文事，在光绪元年，时汪柳门任国
子监司业，而明清两朝，石鼓皆存于国子监，故得便利。吴昌硕

曾得友人潘钟瑞赠以汪鸣銮所拓石鼓文，喜而赋诗《瘦羊赠汪郎亭侍郎鸣銮手拓石鼓精本》：

> 郎亭掬水洗石鼓，毡蜡登登忘辛苦。天一阁本付劫灰，楮墨如此前无古。更喜残字经搜剔，欲媲麟经存夏五。颇怪当日向传师，磨缺珊瑚何莽卤。臼图未掘先作臼，碎玉剖珠咎谁主。郎亭好古兼好事，神物谓不二一数。太学有公不寂寞，讲解切磋日卓午。鼓高尺余类柱础，想见拓时肘着土。……

此札还有一趣，汪鸣銮所用笺纸乃吴云特制鱼符笺。吴云曾收得刘喜海旧藏唐代铜鱼符，为此特地制作数种鱼符信笺，其中一种注明："唐铜鱼符二，山左刘氏故物，今在归安吴氏，收载《两罍轩彝器图释》。"惟汪鸣銮所用此札仅半幅，当是汪自吴云来书中裁下者，前贤爱惜字纸，由此得见。此笺上为鱼符图案，下有文字说明："进内，右者在外。左交者，交鱼符之左也。"全文应为："唐铜交鱼符，文曰'凝宵门外左交'。唐制，左者进内，右者在外。左交者，交鱼符之左也。"左下有"两罍轩收藏吉金之印"。

二五 张鸣珂致蔚卿

蔚卿仁兄姻大人阁下顷间承赉赐川扇已

登入

尊了 伯庸已与 江香翁商量安贴顷间同访未值请

阁下于明早莫熙兰翌文来 敝腐同玉 香翁委酉商一

切嫂此存远即行

晚安 姻小弟鸣珂再

伯庸属笔道贺去日奉约小酌务请

便衣早临莘勿迟到为幸 淮末回

云蓝阁製

張公東先生鳴珂浙江嘉興人端玉甥晚號跛翁清咸豐間捐貢官德興

知縣能文工詞辨擅書畫曉寓滬上瑞父書為之苇府寨松角集及論文侠

宇玖漢藝篠等行世抗戰前余渥同見黄氏所收允其手稿林铨舟皆手自訂

定拜請同调各流評閱嘗校刻於其未刊者居三之一抗戰未渥失去矣今揸

慎奉　逸翁藏之乙未十月十二寺匠潘景鄭識

之此手札一通上署蔣卿不謀作許人全者拳的其遠札芸夕燦畫行烟雲屡出一

點拾寒松片翎追憶昔年芋松遠緒業殘藝過眼世載烟雲去　聚散

蒼陰随蔭紫潮蒼薹爱囊塵土結習已箏窗萬事幕珠投吟侶　兩甲花

逸翁揩正　　　　窜居呈搞

释　文

蔚卿仁兄姻大人阁下：

　　顷间率复数行，想已察入。尊事伯庸已与江香翁商量妥帖，顷间同访，未值。请阁下于明早带照并咨文来敝寓，同至香翁处面商一切。嫥此布达，即颂

晚安。

姻小弟鸣珂[①]顿首

十四日

　　伯庸属笔道候。十六日奉约小酌，务请便衣早临（准未正），万勿迟却为幸。

　　　钤：景郑持赠

题记：

　　张公束先生鸣珂，浙江嘉兴人，号玉珊，晚号疒翁，清咸丰间拔贡，官德兴知县，能文工词，并擅书法，晚寓沪上，鬻文书为生，著有《寒松阁集》及《说文佚字考》《谈艺录》等行世。抗战前余从同邑黄钧[②]家收得其手稿廿余册，皆手自订定，并请同时名流评阅。曾校刻本，其未刊者居三之一。抗战来沪遂失去，至今惜之。此手札一通，上署蔚卿，不详何许人。余昔年得其遗札甚多，亦尽付烟云，廑此一帧，奉逸翁藏之。

己未十月十二日，寄泅潘景郑识

点检寒松片羽。追忆昔年芳杜。遗稿从残惊过眼，卅载烟云去。　　聚散苍茫随落絮。溯旧梦、笈囊尘土。结习已、等闲万事，尋珍投吟侣。

《雨中花》。

逸翁指正。

寄沤呈稿

钤：景郑跋语、景郑填词、己未七三翁

小　注

① 张鸣珂（1829—1908），原名国检，字公束，号玉珊，晚号寒松老人，室名有寒松阁、常华堂、秋风红豆楼及惜道味斋。咸丰十一年（1861）拔贡，曾入提督李朝斌幕。工词，所著《寒松阁集》外，尚有《国朝骈体正宗续编》等。

② 黄钧（1878—1934），字颂尧，号次欧，以字行，江苏苏州人。清诸生，出身医学世家，通校勘之学，受聘于苏州美术专科学校。1927年与王謇、吴梅等结琴社，1929年又结六一词社，1931年兼任超社社长。曾分纂《吴县志》，编有《清人题画诗选》。

笺　释

潘老《著砚楼读书记》有文详载张鸣珂稿本事："嘉兴张公束先生遗稿盈箧，所刊《寒松阁全集》，选录未尽先生之能事。遗稿身后俱归吾吴黄颂尧氏，黄固寒儒，生前以教读为业，力不足为先生传布，书生饿眼，仅珍此为压库物耳。黄氏殁后，书亦流在市廛间，吴儿居奇，不肯轻易换钱，先生一生精神，遂令散布南北藏家，益复不可捃拾，为可忾叹矣！此先生遗集稿本十八册，予收得之。贾人谓是已经传刻，不复措意，予以刻本勘之，未刻者盖居十之三四。"

黄钧藏书处名川学斋，王謇《续补藏书纪事诗》有诗赋其人："鼠壤余蔬恣咀嚼，蟫窠破纸足腾翻。人琴顿杳云烟散，肠断萧街独学轩。"诗注称黄钧家世医术，祖传吴中先哲医学秘稿极多，少从桑士逸学画，又其从侄桑锡骧学《文选》，性喜求荒摊丛残古书，累积既多，更大通目录版本之学，长沙叶德辉来吴，一见奇之。

王大隆《蛾术轩箧存善本书录》著录有张鸣珂旧藏数本，其中两部涉及黄钧。辛壬稿卷四中《毗陵集》版本注名为"清嘉兴张鸣珂手钞吴县叶奕钞校本并跋，长沙叶德辉手跋"。王大隆跋云："公束素工书，此钞尤娟秀绝伦。余昔年与其又一手钞《说文段注匡谬》，同得于亡友黄君颂尧遗箧。颂尧名钧。吴县诸生。工诗词。曾分纂《吴县志》。与顾巍成建勋齐名。黄面赤而顾黟，友人因有红黑面之称。某年有蝗灾，王君严士作《蝗虫谣》乐府，以谐音相戏谑。余尝欲刊其遗稿，已散佚不可得。读叶奕彬跋，恐后无考，特附著之。"

而叶德辉跋原文为："此独孤及《毗陵集》二十卷，虽为过录之本，所谓虎贲中郎，尚有典型者也。吾所藏为乾隆五十六年赵怀玉亦有生斋刻本，即前张跋云遍求之不可得者。刻本如此，何况旧钞。颂尧仁兄藏此有年，亦可以止望梅之渴也已。丁巳上巳，南阳叶德辉识于阊门寓舍。"

由是可知，张鸣珂旧藏确多为黄钧所收，而黄钧殁后，旧藏星散，其中两部又为王大隆所得，脉络清晰如此。

景韩仁先大人阁下承

颁未偹走报歉正弃屬所需五种芳二种为

思之後三种偹开亏亏弃亦必以之贵此弃需

收藏精品体一阁之故府广议钱票行走跃

难仿造已臺鄂图重顶擇不必全刻侯子法

礼卬授姊诸

文安

苹绵蒙弟

偶邂风先生手札一通上署叙景韩为叙同人艺风清光绪辛丑科进
士授编修历主南菁湛涵锡山等书院讲席刻辨江南图书馆所京
师图书馆撰求目录金石之学晚年寓沪为多宗校刻丛书顾著有
艺风堂文集藏书志金石文字目录等行世自刻丛书有雪月在堂
乃烟画二东堂小志而多世所罕见札亦涉及贾夫刻书事先生传世学浮其
藏札累千余册皆同时友朋往还讨论目录金石之学有裨故馆余艺藏善本
札书影都已失之戏中今存该一帧即拿老 遂苦藏之丁茇碎钞
一平时己未十月胜龄自潘景郑跋汪泾寓楼
张氏惜私弗弃飘流已付虚土还必轮翩游残羽 工林青翠屋
金石图书名著百戚皆烟云惜数艺风棠棠芳杜 最惘

151

释 文

景韩^①仁兄大人阁下：

　　承顾未能走报，歉甚。弁群^②所需五种，前二种尚惠上，后三种价开高，恐弁翁必以为贵也。弁翁收藏精品能一阅否？《政府奏议》钱翼之行书颇难仿造。乞寄鄂图书须择，不必全刻。活字《法语》即校。此请

文安。

弟缪荃孙^③顿首

　　　钤：景郑持赠

题记：

　　缪艺风先生手札一通，上署款景韩，不知何人。艺风清光绪丙子科进士，授编修，历主南菁、泺源、钟山等书院讲席，创办江南图书馆及京师图书馆，擅长目录金石之学，晚年寓沪，为各家校刻丛书，所著有《艺风堂文集》《藏书志》《金石文字目录》等行世，自刻丛书有《云自在堪》及《烟画东堂小品》，亦为世所重。此札亦涉及买书刻书事。先兄博山曾得其藏札四十余册，皆同时友朋往返讨论目录金石者，有裨考镜。余旧藏其手札甚夥，都已失之戊申，今存兹一帧，即奉吾逸翁藏之，可当碎锦万一耳。

时己未十月既望日，潘景郑跋于沪滨寓楼

　　金石图书。名著百岁杳，烟云堪数。艺风椠业粲芳

杜。　　　最惆怅、池塘余絮。飘流已付尘土。还收拾、
鳞鸿残羽。

《上林春》。

寄沤

　　钤：己未七三翁、景郑手痕、景郑

小　注

① 费寅（1866—1933），字景韩，一作晋翰、晋韩，号复斋，室
　名自怡斋，又号自怡居士，浙江海宁人。清末曾任嘉兴教谕，
　鼎革后，设书肆于海宁硖石镇，多得善本。著有遗集四卷。
② 张增熙（1875—1922），字弁群，号查客，浙江湖州南浔人。
　南浔"四象"之一张颂贤之孙，张宝善长子，张静江长兄。光
　绪十七年（1891）应童子试时，目疾突发，未终场而退，后漫
　游欧洲，归国后创办正蒙书塾，宣统间曾在邮传部任职，辛亥
　后离职。
③ 缪荃孙（1844—1919），字炎之，一字筱珊，号艺风，江苏江
　阴人。近代藏书家、版本目录学家、金石家，中国近代图书馆
　业创始人，先后创办江南图书馆和京师图书馆，鼎革后寓居上
　海。一生藏书、校书、刻书极富。

笺　释

　　艺风老人手札上款署名景韩者，当是海宁费寅，其字景韩，

号复斋，张宗祥姑父。陈从周《梓室余墨》有忆张宗祥文，谓："海宁张阆声姻丈宗祥，居硖石镇仓基，曾问学于姑丈费景韩先生寅。"苏晓君《苏斋选目》著录有费寅抄本二部，谓费喜用各种乌丝栏纸抄书，抄本上常见钤有朱文"费寅之章""景韩"和白文"复斋校读古籍印记"长印等。

费寅曾馆于南浔张氏适园，陈乃乾《上海书林梦忆录》有记："归里后，同里有父执徐蓉初者，力裕而嗜书……又有费景韩时馆南浔张家……余既与此二公交游，因得略识版本，遂觉前此所购尽为糟粕，而浸渐于旧椠名钞之癖矣。"朱遂翔《杭州旧书业回忆录》则称："又硖石费景韩为上海张石铭及嘉业堂刘翰怡二家代购书籍。"俞子林《书林岁月》又称，清末年间，傅增湘开始到苏州购书，张钧衡也亲自来苏州购书，并委托费景韩代购善本。

彼时往来适园谈书论艺者尚有缪荃孙、沈曾植等，尤其缪荃孙，曾于民国四年（1915）至民国五年（1916）间为张钧衡撰写《适园藏书志》。检《艺风老人日记》，在此期间，缪荃孙与费景韩往来颇密，日记中时见"费景韩来""接景韩信"诸语，其中丁巳年六月一日记："费景韩来，校《政府奏议》一卷。点孔、耿两传。齐督军信来，书价即答之。景韩交来子龄刻书、姜文卿所刻书。"二日记："校《政府奏议》二卷。"三日记："复费景翰一束。"

复观艺风老人手札，亦谈及《政府奏议》及刻书事，故该札或书于此年六月前后。弁群为张增熙，乃张钧衡堂弟，当是张增熙通过费寅欲购缪艺风架上之物。日记中"子龄"乃指刻书名匠武昌陶子麟，姜文卿则是南京刻字名匠，刀笔之技，曾得艺风老人指点，两人皆曾由艺风老人介绍，为张钧衡、刘承幹、端方等人刻书。而陶子麟为艺风老人所刻书有《云自在龛丛书》《藕香零拾》《对雨楼丛书》《艺风堂藏书续记》等。

培之老夫子大人函丈　新正曾肃一椷想

起居多吉　凡百如心为慰　恕于正月廿六日登舟典坐

招商局快远轮船三古開行　初七日車刻到津

浦信二撥渡永宝橘着日均訊

庇平無惟眩暈不能佽耳　粤中人情之薄内寅竟

年賒俚惟海闊双相为一變　已足向例公中膽儀

一款云甚贵力綠　首是不肯代热而人均日鄉長樂

者尤者畫一再改期始的成行　覆奏須在二月中

巫口稱放心此外行之皆人情難測　恐不能有上好語

頭不過事事求盧就事論事　諒年大略推墻下石

者頗不乏人　自備蟹岸不由駒傳兒的再遠需索之

謗五年辛苦一片癡心當初以为風氣可以一轉合刷

岂付东流吾乡顽固闹为荼毒不烦辩白又

要恐名以馀剁怒之留得性命已为幸事宦情此些

能不灰心些塞翁失马安知非福優游林下颇不易

得吾

师闻已卜新居迁随歡宴其乐无极啟之带握手话别

顿觉依々述及吾

师仍花翎大员欣忻当庭清卿臺廧宠命才为此出诚

可当大任者此公車络绎必有一番热闹当年老

友惟骨崔灭吴玫想必为旺郑荣毎、御此勤行

儌俟再啟此请

廿安

堂弟吴宝恕叩启

二有

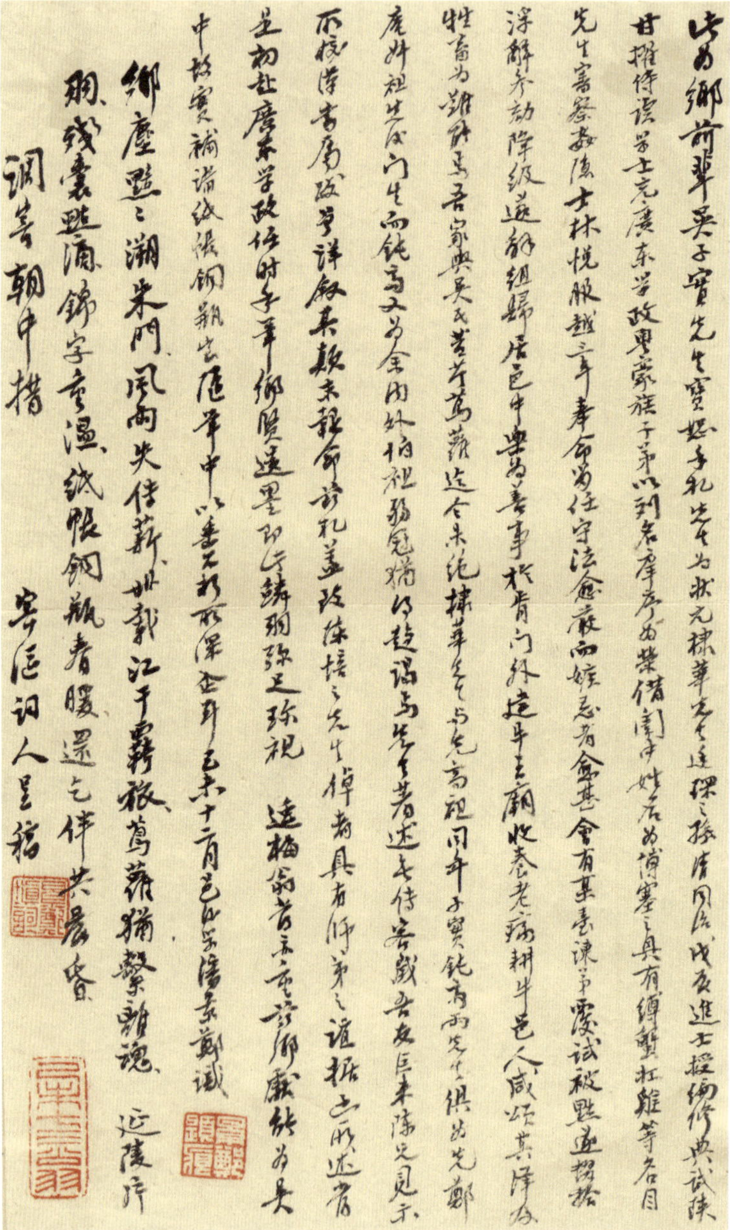

吾鄉前輩吳子寶先生寶恕手札。先生為狀元棣華先生廷琛之孫，清同治戊辰進士，授編修，典試陝甘，擢侍讀學士，充廣東學政。粵豪族子弟以列名庠序為榮，借闈中姓名為博塞之具，有縛蟹、杜雞等名目，先生密察嚴懲，士林悅服。越三年，奉命留任，守法愈嚴，而嫉忌者愈甚。會有某孝廉子弟覆試被黜，遂搆蜚浮辭，參劾降級。遂解組歸，居邑中，樂為善事，於胥門外建牛王廟，收養老殘耕牛，邑人咸頌其澤及牲畜，為難能矣。吾家與吳氏世有葛藟，迄今未絕。棣華先生與先高祖同年，子寶、鈍甫兩先生俱為先鄭庵叔祖門生，而鈍甫又為余內外伯祖，弱冠猶得趨謁焉。先生著述乏傳，客歲吾友巨來陳兄見示不棱漢書廣政事，詳敘其敷奏報命諸札，蓋致陳培之先生倬者，具有師弟之誼。據其所述，當是初赴廣東學政任時手筆。鄉賢遺墨，即片鱗羽，彌足珍視。逸梅翁昔年亦嘗訪鄉獻，能為吳中故實，補諸紙帳銅瓶室隨筆中，以垂不朽，所深企耳。乙未十二月邑後學潘景鄭識

鄉塵點點溯朱門，風雨失傳薪。卅載江干霧襆，葛藟猶縈離魂。延陵片羽，殘囊點滴，錦字香溫。紙帳銅瓶春暖，還乞伴共晨昏。

調寄朝中措　寄漚詞人呈稿

释　文

培之老夫子大人函丈：

　　新正曾肃一椷，想起居多吉，凡百如心为颂。恕①于正月廿六日登舟，乘坐招商局怀远轮船，三十日开行，初六日申刻到申浦，住二摆渡永宝栈，眷口均托庇平安，惟眩晕不能饭耳。粤中人情之薄，同寅竟无赆馈，惟海关双柏，为一夔已足。向例公中赆仪一款亦甚费力，缘首邑不肯代垫。两人均同乡，长乐老尤吝啬，一再改期，始得成行。覆奏须在二月，中丞口称放心，然既行之后，人情难测，恐不能有上好话头，不过事本子虚，就事论事，谅无大咎。推墙下石者颇不乏人，自备赀斧，不由驲传，免得再遭需索之谤。五年辛苦，一片痴心，当初以为风气可以一转，今则尽付东流。吾乡顾兰俦闻为怨家所毒，不能辨白，又受恶名以终，则恕之留得性命，已为幸事。宦情如此，能不灰心？然塞翁失马，安知非福，优游林下，颇不易得。吾师闻已卜新居，追随欢宴，其乐无极。启之叔握手话别，颇觉依依，述及吾师得花翎，大为欣忭，芍庭②、清卿③叠膺宠命，才为世出，诚可当大任者也。公车络绎，必有一番热闹，当年老友，惟有鹤兄，兴致想必尚旺。卸装匆匆，泐此数行，余俟再启。此请

升安。

受业吴宝恕叩启

二月七日

　　钤：景郑持赠

题记：

　　此为乡前辈吴子实先生宝恕手札。先生为状元棣华先生廷琛④之孙，清同治戊辰进士，授编修，典试陕甘，擢侍读学士，充广东学政。粤豪族子弟以列名庠序为荣，借闱中姓名为博塞之具，有缚蟹、扛鸡等名目。先生审察奸隐，士林悦服。越三年，奉命留任，守法愈严，而嫉忌者愈甚。会有某台谏弟覆试被黜，遂掇拾浮辞，参劾降级，遂解组归。居邑中，乐为善事，于胥门外建牛王庙，收养老病耕牛，邑人咸颂其泽及牲畜，为难能焉。吾家与吴氏，苔岑茑萝，迄今未绝，棣华先生与先高祖同年，子实、钝斋⑤两先生俱为先郑庵叔祖先后门生，而钝斋又为余内外伯祖，弱冠犹得趋谒焉。先生著述无传，客岁吾友巨来陈兄⑥见示所校《汉书》，属跋，曾详叙其颠末报命。兹札盖致陈培之先生倬者，具有师弟之谊。据函所述，当是初赴广东学政任时手笔。乡贤遗墨，即此鳞羽，弥足珍视。逸梅翁当亦重兹乡献，能为吴中故实，补诸纸帐铜瓶室随笔中以垂不朽，所深企耳。

　　　　　　　己未十二月，邑后学潘景郑识

　　乡尘点点溯朱门。风雨失传薪。卅载江干羁旅，茑萝犹系离魂。　　延陵片羽，残囊点滴，锦字重温。纸帐铜瓶春暖，还乞伴共晨昏。

　　调寄《朝中措》。

　　　　　　　　　　寄沤词人呈稿

钤：景郑题痕、景郑填词、己未七三翁

小 注

① 吴宝恕（1832—1890），字子实，号翰文、桂诜，晚号絜斋老人，江苏苏州人。同治七年（1868）进士，光绪元年（1875）任广东学政，五年被诬劾。工行楷书，擅词赋，善楹联，著有《絜斋老人遗稿》。

② 彭祖贤。

③ 吴大澂（1835—1902），字清卿，号愙斋，江苏苏州人。同治七年（1868）进士，历任广东、湖南巡抚等职。中日甲午战争起，自请率湘军抗战，战败被革职。精于古金石鉴藏考释，有《十六金符斋印存》《古玉图考》《愙斋诗文集》等传世。

④ 吴廷琛（1773—1844），字震南，号棣华，江苏苏州人。嘉庆七年（1802）状元，历任编修、杭州知府、湖南学政、云南按察使等职。素不喜炫名博誉，贯通经典，文章遒隽，诗多感时论事，著有《归田集》等。

⑤ 吴郁生（1854—1940），字蔚若，号钝斋，江苏苏州人。吴廷琛之孙。光绪三年（1877）进士，先后任内阁学士、礼部侍郎、广东学政、军机大臣。工书法，善绘花卉翎毛。

⑥ 陈巨来（1905—1984），原名斝，字巨来，以字行，别署安持，浙江平湖人。以书画、篆刻闻名，赵叔孺许其圆朱文为"近代第一"。著有《安持人物琐忆》，辑有《古印举式》。友人集其印成《盍斋藏印》。

笺　释

　　吴宝恕于光绪元年（1875）获翰詹大考一等第一，以侍讲学士升用，五月充广东乡试正考官，留任学政。彼时两广之地风行闱姓。闱姓者，每值试年，有好事者将考生姓名搜集并加以公布，设局卖票，参赌者出银买票，预先指定一定数目的姓氏押注。待揭榜后，以官方所发"金榜"为依据，以买中姓氏多寡决定中彩与否，一时自缙绅士大夫以及农工、商贾、妇孺、走卒，皆罄其所有，买票猜姓，主事者获利极丰。清廷曾利用此收入制造轮船四艘，并承担庚子赔款三十万两。科举考试场所为"闱"，故称闱姓，光绪三十一年（1905）废除科举后，闱姓不禁而绝。

　　凡赌皆有诈，闱姓亦如此。因赴试者考试结果直接影响赌局输赢，故背后多有人操控，如"扛鸡"者，以枪手冒名代差生考试，以期意外考中；"缚蟹"者，则或多方设法阻止名士进入考场，或买通胥吏，污其试卷，使其落榜。商衍鎏《清末广东的"闱姓"赌博》文末述及吴宝恕："吴宝恕在叶大焯案后任广东学政，考试较为认真，但结果受到排斥。……吴宝恕的去职，表面上似与闱姓无关，但事实上他的去职，则是由闱姓而起的。"

　　关于吴宝恕之去职，在光绪五年（1879）七月二十九日的《德宗实录》中记载为："谕军机大臣等：有人奏广东学政吴宝恕吸食洋烟，日与幕友聚赌。考试草率，归善县士子三千余人日暮完场，诘朝出榜，索取栅规供应倍于前任。其关节贿赂……录科弊窦尤多，士人切齿等语。学政主持文柄，宜如何砥砺廉隅，以为士林表率。若如所奏情形，亟应严行查办。"然《吴县志》中俞樾所撰吴宝恕传，则又是一番面目，潘老题记中所引即是也。

　　潘老称此札"当是初赴广东学政任时手笔"，或可商榷。吴宝恕光绪元年五月充广东乡试正考官，赴粤当在是年夏天，然此札末署"二月七日"，札中又称"五年辛苦，一片痴心，当初以为风气可以一转，今则尽付东流"，吴宝恕被弹劾去职恰是上任五年后之事，是故此札当是光绪六年离粤之时所写。

杭州私立之江文理學院信箋

先生鄉往世勤欲藉此求通於　侍者俾承

鑒其下懷不亦為狂妄歟再承囑暴為白

石歌曲考證姜詞版本見知數十種泰半苦未

目驗

先生今之絳雲羲圖石□一集定多珍本尚另

紙寫目乞

教俯荷　不靳開示俾過滬掘謁時得快所

未見尤感禱無既矣毡企江雲不盡一□

地址　蘭圃口二龍頭　電話　南字十二號

敬頌

道安　晚生夏承燾再拜　七月廿二日

卅年前余識翠禪于天籟先師霜厓先生坐上时又二年余往任吐辭
遙柳伯□無所时後往還高擬信禪之業又執教杭州之江大學偶而見
其所作長句每為人所激起解君風研白石詞於其詞調亦有極□為
遠圖以天任教杭州大學十年余寓廬桴上白石涇料余以所录苗村向暮
借筆撮爲晷莫余於十年以上開于身年家宅憂之而以卷卷之□晚年不若修
餘詞人氣尚□亦非兒年□後扎銛芳篆盖鏦錘穩佰生於其時已
微诗白石契餘年臭其超乃美詞之深而先以記接卒為藏弄之富存尔氏
□可微記先扎前与全所藏異年扎萌其去長殘簡譯存聯幸善
如可微翁懂不以其鍰扎可櫓之数玉再上有偽奏鄭記
卅年廬業拾筆多勞杜柏渊萬痕虚眼洞挼真、濤峨句
悵記取巳偽儻自奏白石應依低唱風流巷叶、石廚
　　洞窖我天陸角　　　　　妻在旬人

释　文

……先生向往甚勤，欲藉此求通于侍者，倘承鉴其下悃，不斥为狂妄欤？再，承嵩[①]曩为《白石歌曲考证》，姜词版本见知数十种，泰半苦未目验。先生今之绛云、荛圃，石帚一集，定多珍本，兹另纸写目乞教。倘荷不靳开示，俾过沪抠谒时，得快所未见，尤感祷无既矣。翘企江云，不尽一一，敬颂

道安。

晚生夏承焘再拜

七月廿二日

　　钤：景郑持赠

题记：

　　卅年前余识得瞿禅夏兄于先师霜崖先生[②]座上，时兄年未从仕，吐辞谦抑，洎后鱼雁时复往还，商榷倚声之业。兄执教杭州之江大学，偶亦见其所作长短句，为人酬应题辞。君夙研白石词，于其词调亦有所发明焉。建国后兄任教杭州大学，十年前来沪搜集白石资料，余以所录郑叔问校本供采撷焉。君长余十年以上，闻子身无家室，卖文所得甚丰，又闻晚年不甚修饬，词人风流自所难免耳。此残札缺首叶，盖致徐积余先生者，于时已征访白石集版本，具见其致力姜词之深，而尤以证积学斋藏弆之富。存此亦可征词苑故闻焉。余所藏君手札均失去，此残简幸存，聊奉吾逸梅翁，倘不以其

鳞爪而摈之欤？

己未十二月，潘景郑记

　　卅年尘絮。检点多芳杜。怕溯旧痕盈眼，惘怅是、凄吟句。　　前梦堪记取。已伤催日暮。白石恋依低唱，风流在、伴石处。

　　调寄《霜天晓角》。

寄沤词人

　　钤：景郑题痕、景郑填词、己未七三翁

小　注

① 夏承焘（1900—1986），字瞿禅、臞禅，晚年改字瞿髯，别号梦栩生，浙江温州人。著名词学家，曾于多间大学任教，桃李门墙，济济多士。著有《唐宋词人年谱》《唐宋词论丛》《姜白石词编年笺校》及《天风阁学词日记》等。

② 吴梅（1884—1939），字瞿安，号霜厓，亦作霜崖，江苏苏州人。工诗古文词，曲学大师，富藏书，室名奢摩他室，曾于多间大学任教，主讲古乐曲，郑振铎、唐圭璋、赵万里等皆其弟子。著有《顾曲麈谈》《词学通论》等

笺　释

　　夏承焘在《我的学词经验》中称，《白石道人歌曲考证》是他的第一本专著，得到彊村老人亲自为之题签。《白石道人歌曲考证》

成于民国十八年（1929）九月，未久又作《白石集考证》《白石编年词目》《白石歌曲版本考》《白石歌曲考证凡例》及《白石年谱》等。次年为民国十九年（1930），是年上学期瞿禅先生在严州九中任教，下学期则转至之江大学文理学院中国文学系任教，故所用信笺有"杭州私立之江文理学院信笺"字样。

之江大学前身为宁波的崇信义塾，同治六年（1867）迁入杭州，改名育英义塾，复改育英书院。宣统三年（1911）正式在杭州秦望山成立之江学堂，1914年改名之江大学，此后几经改名、迁校，1950年将原有文、商、工三学院调整为文理、财经、工学院，设十五个学系，1952年全国高校院系调整，该校各系分别并入浙江师范学院、复旦大学、华东财经学院、中央航空学院以及浙江大学，之江大学宣告结束。

此札乃夏承焘在之江大学任教期间，向徐乃昌商借姜夔词集，以便研究撰述。而此册潘老赠郑老书札中，涉及最频繁之人物即徐乃昌，总计八通，其中夏承焘、王欣夫所言为借书事，张謇所言涉及还书事，无怪乎潘老题记中称此札"尤以证积学斋藏弆之富"。瞿禅则称徐乃昌为"今之绛云、荛圃"。徐乃昌1943年去世，故此札当书于1930年至1943年之间。

潘老称曾于吴梅处认识夏承焘，而夏承焘作《白石歌曲考证》亦曾多向吴梅请教。夏晚年整理与吴梅之间的通信，辑成《关于词曲研究的通信》，前言称："1930年，予三十岁，为《白石歌曲考证》成，奉函吴瞿安先生请教。承先生不弃，贻书讨论，且允为拙著作序。嗣后九年中，书札往还，数且不少。予致先生函，录于记事本上。先生来信，予装帧珍藏。然事隔数十年，中间几经迁徙，书籍什物，不无散失。今检箧笥，仅得先生旧札八件，其中一件且已残缺。展对遗编，如亲謦欬，而先生逝世已四十一年矣。"

大哥大人座右頃接歲除

手書并哈同家傳一篇氣勢閎遠是

哥本色所論作傳務求詳實不尚簡

潔足正文章家之謬習惟敘事宜擇

其大者要者篇中敘病狀一段則近於

哀啟弟以為應將庚午之臘至含笑而

逝數行刪去而接以先生卒於某年月日

壽若干云云未知可否讀

酌定再為寄去近滬上開停戰會議南
京人心稍定俟姪來甯避居高淳之議
已暫作罷弟行當告以續滙之欵既不作
遷避之用仍妥存以備寄保不得妄費盖
去歲南行曾察見姪行事兩次乖妄出
人意外而近詢如嫂復有盧雜之癖恐
此欵不免浪費也專頌

萬福　弟霖謹肅　三月二十九日

劉春霖家書一通尚屬佳品而在青森室廟琴驛五貧阿此壽宰人清光緒三十年末科狀元

授修撰同科榜眼朱汝珍探花商衍鎏入仕未久清祚即斬以遠老往來南北周旋庠閭

書文月流泥上錐賈徒之毫甚斤誠是意為考英商哈同為泥大實掌珞建老設廣會堂寓罷政

活居哈同死以身金聘三家甲有藝主劇左主聲喻長森商衍鎏為襄旦所詩多譯助刊童言

於商衍鎏晚音友高錫永思即其孫子今僅在年春八夫步犹述及貴兒為哈同作侍郎昆閨

志樅罪有貫二紙甲書輪比北衷來之亦韓時之八為戌年今藏青散尖珍畫印章

遠祗肯藏青以補詞林之輯乃女己未十甯青清芳鄭誠

風流故國春明夢瑤林久竹烟雲狀頭已畫盡修文漫將雪羽作藏
珍六十年前晉庠斑鹿風雨還親銅瓶棧帳束漬砂琿念故弟
七辰恩　瀰宮臨江仙口諳
遠肯回生
宕堪詞人小森題

释　文

大哥大人^①座右：

　　顷接岁除手书，并哈同^②家传一篇，气势闳远，是哥本色。所论作传，务求详实，不尚简洁，足正文章家之谬习。惟叙事宜择其大者、要者，篇中叙病状一段则近于哀启，弟以为应将"庚午之腊"至"含笑而逝"数行删去，而接以"先生卒于某年月日，寿若干"云云，未知可否，请酌定再为寄去。近沪上开停战会议，南京人心稍定，岱侄来函，避居高淳之议已暂作罢。弟行当告以续汇之款，既不作迁避之用，仍妥存以备寄保，不得妄费。盖去岁南行，曾察见侄行事两次乖妄，出人意外，而近闻如嫂复有卢雉之癖，恐此款不免浪费也。专颂

万福。

弟霖谨肃

三月二十九日

　　　钤：景郑持赠

题记：

　　刘春霖^③家书一通，亦烬余所存者。霖字润琴，号石筤，河北肃宁人，清光绪三十年末科状元，授修撰。同科榜眼朱汝珍^④、探花商衍鎏^⑤，入仕未久，清祚即移，以遗老往来南北，周旋废帝间，鬻书文自给，沪上巨贾往往乞其片纸只字为重。英商哈同为沪大贾，尝招致遗老设广仓学窘，罗致沾

名。哈同死，以重金聘三鼎甲为题主，刘居主题，喻长霖⑥、商衍鎏为襄题，一时传为谈助。刘享高龄，商殁最晚，吾友商锡永⑦君即其次子，今乃健在，年垂八十矣。此札述及其兄为哈同作传，知与哈同往还颇密，其兄名字及履历可于《哈同哀挽录》得之，惜手头无其书，不能考及矣。余昔年有志搜罗有清一代鼎甲书翰，此札遂求之市肆得之，以为殿军。今藏弆散失殆尽，即奉逸梅翁藏弆，以补词林之辑何如？

己未十二月下旬，潘景郑识

风流故国春明梦，琼林久付烟云。状头已尽赴修文。漫将零羽作藏珍。　　六十年前留片牍，劫尘风雨还亲。铜瓶纸帐集缤纷。浑忘敝帚乞长恩。

调寄《临江仙》。即请

逸翁正是。

寄沤词人呵冻题

钤：景郑跋语、景郑倚声、己未七三翁

小　注

① 刘春堂（生卒年不详），字治琴，河北肃宁人。光绪二十九年（1903）进士，官陇西县知县。曾与弟刘春霖一同就学于莲池书院，师事吴汝纶。著有《石林文稿》《畿南济变纪略》等。

② 哈同（Silas Aaron Hardoon，1851—1931），近代上海犹太裔富商。出生于巴格达，后经香港至上海，供职于洋行，因涉足房地产而

发迹，1901年开设哈同洋行，曾任上海法租界公董局董事及公共租界工部局董事。建有哈同花园，并在园中设立仓圣明智大学。

③ 刘春霖（1872—1944），字润琴，号石筼，一作石篔，河北肃宁人。光绪三十年（1904）恩科状元，为中国科举史上最后一位状元。历任修撰、资政院议员、直隶高等学堂监督、大总统府内史秘书及甘肃省长。善书法，隶、行、楷兼长，曾出版小楷字帖多种，富藏书。

④ 朱汝珍（1870—1943），字聘三，号隘园，广东清远人。光绪三十年末科榜眼，授翰林院编修，官湖南盐法道。精书法，善诗文，曾参与制定《大清商律草案》《大清民法草案》，著有《词林辑略》《本纪圣训》等。

⑤ 商衍鎏（1875—1963），字藻亭，号又章、冕臣、拙盫，晚号康乐老人，广东番禺人。光绪三十年探花，授编修，历任编修、国史馆协修、实录馆总校官等职，入民国后曾任总统府顾问。著有《清代科举考试述录》《商衍鎏诗书画集》等。

⑥ 喻长霖（1857—1940），字志韶，号潜甫，浙江黄岩人。光绪二十一年（1895）榜眼，曾任岳州知府，入民国后受聘为浙江通志局提调，晚年寓沪卖文鬻字。著有《经义骈枝》《九通会纂》《惺諟斋存稿》等。

⑦ 商承祚（1902—1991），字锡永，号驽刚、蠖公、契斋，广东番禺人。商衍鎏之子。师从罗振玉，为古文字学家、考古学家，精于金石篆刻书法，执教于多间大学，著有《殷墟文字类编》《殷契佚存》《战国楚竹简汇编》等。

笺　释

　　刘春霖札未署年款，然札中提及"近沪上开停战会议"，事关1932年"一·二八"事变后，国民党政府3月24日开始与日本在上海举行停战谈判，5月5日签订《上海停战协定》，规定双方停战，划上海为"非武装区"。刘春霖札末署"三月二十九日"，正是协定签订期间，故此札书于1932年。

　　札中述及其兄刘春堂为哈同撰写家传事。哈同去世于1931年，正是写此札之前一年，丧事极为隆重，其妻不仅请来刘春霖任"鸿题大人"负责点主，又请来同科榜眼朱汝珍、探花商衍鎏任"襄题大人"，三甲齐聚，沪上骤增谈资。哈同妻子罗俪蕤，又名罗伽陵，尝出资刻《频伽藏》，为近代首部铅印本《大藏经》。哈同夫妇一生鹣鲽情深，哈同生前大量产业均以罗伽陵名字命名，如爱俪园、迦陵大楼、罗苑等，哈同去后，罗伽陵不仅请来三甲点主，还请名人章太炎为之作墓志铭，其铭曰：

　　　　初君娶于福建罗氏，清末尝就上海静安寺路辟地二百余亩为园，台池篠榭，为海滨园林最，以罗夫人名俪蕤，合君名署曰爱俪。当上海举义时，君外应宾旅，内斥资二十万以刻佛藏，因即其园立华严大学，教诸释子。民国四年，又就其园立仓圣明智大学，及附属中学、高等小学。五年，又立广仓学会，皆祀黄帝、左史仓颉焉，尊六书也。

　　芷兰斋藏有柯劭忞未刊稿本《蓼园文存》五卷，其中有柯劭恣致哈同夫人函底稿，言及得友人徐石隐告知，罗伽陵嘱爱俪园总管姬觉弥请柯劭忞为撰哈同碑文，然姬觉弥擅自假柯氏之名代撰，又请徐石隐书丹，柯劭忞不欲他人冒名代撰文字，故称"事关名誉，不得不与夫人言之。务乞刻石时，何人所撰，即用何人姓名，切勿书贱名为幸"。

柯劭忞对姬觉弥冒名代撰一事颇为不悦，《蓼园文存》又有柯劭忞致徐石隐札一通，称："弟虽不学，然旁人冒名代撰文人字，则窃以为耻。乞左右切究潘君，务使此事水落石出为要。"

三〇　陈夔龙致王秉恩七律三首

戊辰重九遠甫廈生韻秋三君招飲臨江第五

廈榱即席賦謝并簡坐中諸君子

九日登眺歲紀辰喜傾萬釀語蘭因龍山會閱二

千載廟閣名標十一人交詩神新攜吳郡

高霞無風雨萬竈炊烟上凪鱗

碧檻紅榍試一凭江天秋色露華㙅甫冷弓月

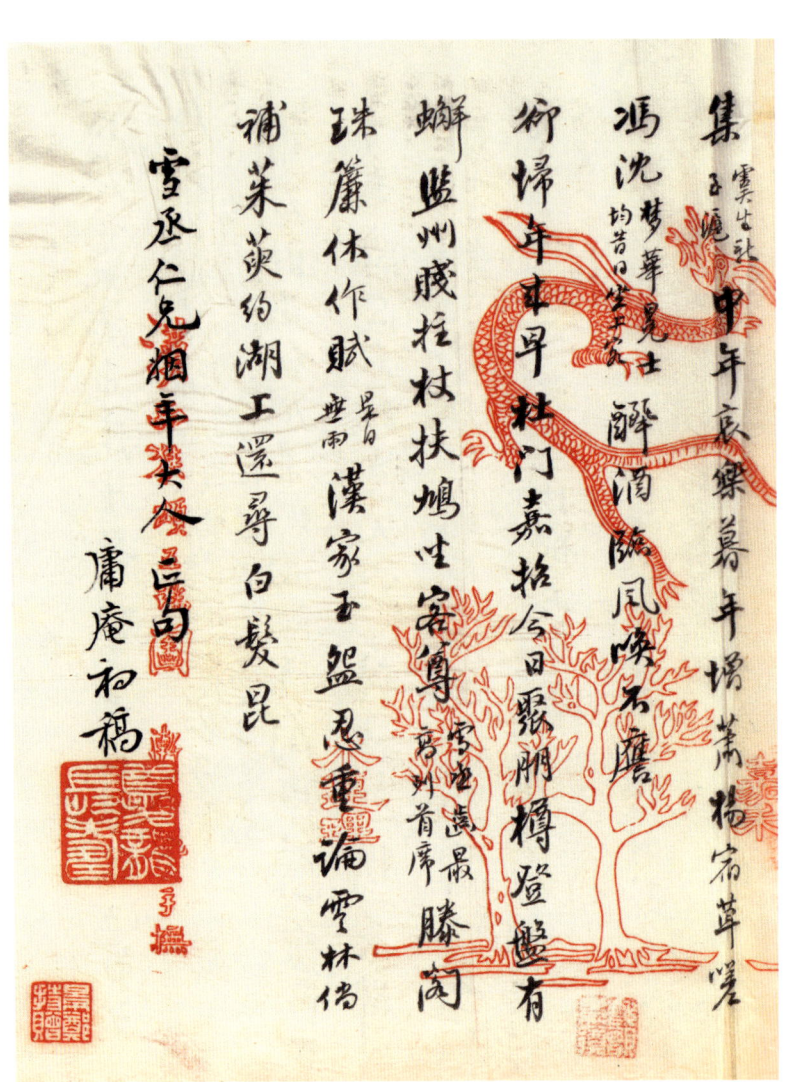

集玉泓社中年豪興暮年增蕭疏宿草塋

雲生社

馮沈梦華亮士解酲隨鳳喚不磨
均昔日笙歌

御爐年來扑門嘉招今日露朋樽登盤有

蟬監州藏拄杖扶鳩坐容傳滕閣
容坐遠最
房州首席

珠簾休作賦無兩漢家玉盤忍重論雲林偕
是暑

補茱萸約湖工還尋白髮昆

雪丞仁兄湘年㣲人正句 庸庵初禍

贵阳陈夔龙庽先生蓬龙以诗名于清末阳颛庽居即为书画笔亦以远者临工诗

洞命侣纲挥灑苍苍甚戛戛日臻分隆事之诗简迤家首宋梅雯今日诵日作二诗

先生盖过之中年诗花近样其晚样鸣噪其歲成一快即付铝榘其述们宿方起见类邢下

笔即咸乃假恩塞才显横道不免有甜熟三歲此诗咸七律四章盖作松代言戚共造

三作款暑書睪为莘阳王秉恩访甲戌友耕少石兄看列生笔胀无变麟老尚廣氏

翰林教馆亦江湖北盬城栈六稏罯罯世長圆钩五为代言之衡陵闾王庿上戎晚

陈友坂如此書颜工艶戴讴属久之季数今龢无此世正少年办事内独淘弌共讨算

自在楠遑陈秋葆栢知可事送楠葆聊備一账唐仲新山主自清赏郑澂

花近棛为深遠緣湘蒲筒莹卷之雕彩鳴系遗多少出此贵典鉴徴

大当華醸吴筆费冷鸿亭调猎芳被淼帐銅瓶伴砚

调窖秋葱香 客厓词人白轺

释　文

　　戊辰重九，远甫[①]、虞生[②]、韵秋[③]三君招饮临江第五层楼，即席赋谢并简坐中诸君子：

　　九日登临岁纪辰，喜倾菊酿话兰因。龙山会阅二千载，麟阁名标十一人（宾主十一人）。诗袖新携吴郡本（远甫自苏州来会），壶觞遥醉圣湖春（少石[④]兄约云林登高未能赴也）。五云高处无风雨，万灶炊烟上瓦鳞（重）。

　　碧槛红栏试一凭，江天秋色露华凝。甫吟弓月初三句（初三夕有诗用香山句），更上梯云第五层。旧雨偕来今雨集（虞生新至沪），中年哀乐暮年增。萧杨宿草嗟冯沈（梦华[⑤]、冕士[⑥]均昔日坐上客），醉酒临风唤不应。

　　却扫年来早杜门，嘉招今日聚朋樽。登盘有蟹监州贱，拄杖扶鸠坐客尊（雪丞[⑦]齿最高，列首席）。滕阁珠帘休作赋（是日无雨），汉家玉盌忍重论。云林倘补茱萸约，湖上还寻白发昆。
雪丞仁兄姻年大人正句。

庸庵[⑧]初稿

　　钤：夔龙长寿、景郑持赠

题记：

　　贵阳陈庸庵先生夔龙以诗名重清季，陟显宦至尚书，鼎革后以遗老隐沪上，诗酒命侣，缠缠挥洒，出口成章，几无日废吟咏，毕生诗篇逾万首。宋梅圣俞自谓日作一诗，先生盖过之。中年刻《花近楼集》，晚称《鸣原集》，岁成一帙，即付铅椠，其述作之富，可想见矣。顾下笔即成，不假思索，才思横溢，不免有甜熟之处。

此诗笺七律四章，盖作于戊辰岁，招邀之作。款署雪岑为华阳王秉恩，诗中所及称少石兄者，则先生胞兄夔麟，光绪庚辰翰林，散馆后改湖北谷城县知县，官至广东布政使。此四诗为先生七十以后之作，闻其晚年手颤不能自书，倩门下庖代，庞蘅裳^⑨世长国钧每为代书之。蘅裳同客沪上，为余语及，故知之。此书颇工整，或即庞兄之笔欤？今庞兄下世已十年，亦无由征询之，然诗笔自在，犹足珍视。兹检得即奉逸梅翁，聊备一格。

庚申新正十二日，潘景郑识

花近楼高深远。缥缃万篇盈卷。年年雕椠鸣原遣。多少幽吟垂典。　　登临九日留华宴。集群彦。片鸿零羽犹芳婉。纸帐铜瓶伴砚。

调寄《秋蕊香》。

寄泗词人呈稿

钤：景郑题记、景郑倚声、庚申七四翁

小　注

① 倪思宏，字远甫，江苏丹徒人。曾先后担任大清银行总办、盐业银行上海分行经理。

② 朱邦献，字虞生。曾任天津盐业银行经理。

③ 杨联绶，字韵秋。曾任盐业银行副经理。

④ 陈夔麟（1855—1928），字少石，号少室、少樵、迁叟，贵州贵阳人。陈夔龙胞兄。曾宦广东、湖北，精鉴藏，有《宝迁阁书画录》，评述自藏书画等，为文物界所重视。

⑤ 冯煦（1842—1927），字梦华，号蒿庵，晚年自署蒿叟、蒿隐，江苏金坛人。光绪十二年（1886）探花，官安徽巡抚。入民国后寓居上海，以词著名，曾辑刻《宋六十一家词选》，著有《蒿庵类稿》《蒿庵随笔》《蒙香室词》等。

⑥ 沈铭昌（1870—1919），字冕士，浙江绍兴人。光绪十九年（1893）举人，纳赀为四川宜州知州，后任天津海关道、长芦盐运使，入民国后曾任河南都督府秘书长、山西省省长及财政部次长等职。

⑦ 王秉恩。

⑧ 陈夔龙（1857—1948），字筱石，一作小石、韶石，号庸庵、花近楼主，贵州贵阳人。光绪十二年（1886）进士，授兵部主事，升内阁侍读学士，曾任直隶总督及军机大臣等职，入民国后隐居上海。著有《花近楼诗集》《梦蕉亭杂记》及《庸庵尚书奏议》等。

⑨ 庞国钧，字蘅裳，号鹤缘，亦作鹤园，别署梦鹤词人，江苏吴江人。陈夔龙门生。家有鹤园，为吴中文人雅集之地，曾与吴湖帆、潘承厚等发起"正社"书画社，陈夔龙沪上鬻画，多由其代笔。新中国成立后任中央文史馆馆员。

笺　释

　　民国年间，沪上先后有超社、逸社两个遗民诗社，逸社为超社之延续，主要成员基本上是超社原班人马，新增入者则有冯煦、陈夔龙、朱祖谋和王乃徵，其中陈夔龙为核心人物之一，后期活动地点大多在陈夔龙之花近楼。此札中涉及人物颇多，其中陈夔龙、王秉恩、冯煦、陈夔麟皆为逸社主要成员，此次重九集会，虽非以逸社名义召集，但因人物及活动内容多有重叠，故亦可作逸社余韵视之。

　　此次集会时间为民国十七年（1928）重阳，是年陈夔龙七十一岁。召集者倪思宏、朱邦献、杨联绥皆为盐业银行经理。《缪荃孙日记》中时见倪远甫、杨韵秋同席，同坐尚有冯煦、徐乃昌等，可知倪、杨二人虽身处金融界，亦无藏书、赋诗事迹，但往来皆书香门第，亦为风雅之士。

　　陈夔龙第二首诗中有"萧杨宿草嗟冯沈"，盖指冯煦于此集会前一年去世，沈铭昌于九年前去世。此次集会之后数月，陈夔龙之兄陈夔麟下世，未久，王秉恩亦下世。社会变迁，人物凋零，逸社雅集活动亦渐稀，而至无闻。

　　汪辟疆《光宣诗坛点将录》中将陈夔龙列为"地俊星铁扇子宋清"，评曰："东道烟霞主，西江诗酒筵。庸庵诗平澹乏意境，虽喜为之，实不甚工。晚寓沪滨，较前略胜，尚不逮善化相国也。"陈诗虽不获汪辟疆青睐，却颇为自珍，尝赠冯煦诗云：

　　　　笼纱覆瓿两难知，敝帚千金我自私。枕畔马前兼厕上，骨凡根钝更毛疵。思归老鹤犹余唳，不蜕春蚕尚有丝。格体非唐亦非宋，吟成留殿本朝诗。

　　陈夔龙有四部编年诗集传世，分别为《松寿堂诗钞》（1877—1911）、《花近楼诗存》（1912—1927）、《鸣原集诗存》（1928—1937）及《挹芬庐存稿》（1938—1941）。此札中三首诗作未见收录，或可视作陈夔龙佚诗。

九兰先生宁诗见惠平步元韵奉州墨清

郭政

年来豪气山斗除春慈地罷阑笑蟆如寓成安乐帳

庵师诞重修斋守栢庵天来巳州瑨契洞饭钞小学

到菜奇院裹澌兆羞漉惜之陶米玫富考

苹陈倬手边草

鄉先輩陸墀之先生偉為陳碩甫等，高郵精蕭選之等，清咸豐季壬未進士官至
戶部郎中著述甚富抗戰前為其遺稿十餘種摸偶未刊行迄途栗行後而散失
所存僅老是殘稿匃巳共遺記一通寧候陸九芷先生趦修者陸夕生為元和廩
生歿後遺貢以儒醫濟世其所著有世補齋高遠書三卷奉章為斯句作全之聞摹以甲
戌歲撰官至大學士並嘗邑晚讀住林中之後三者含姜氏刻武微毛石谿克紹
篆篆吳格之芝小奉隱嗍宣桑东未惟世此詩甚栗遠獻之鱗羽印奉
逐私筆藏弄為鄉嘆及若萼峭以一ㄎ年庚申四月二十日儒栗鄭薇
百歲遠鄉歐風雨叙塵济梓琳瑯散度最瑩情鱗底檢點洗盡
淚花濺塵旧山車業勤蕭遠賺有壽風西吟繁剪取妹陛帚
珍幸作泑泥梦
調寄青門引
唐申新正岑巡詞人主槁

释 文

九芝先生①寄诗见怀，率步元韵奉酬，呈请

郢政：

豪气年来已尽除，春蚕裹茧笑蜷如。窝成安乐怀康节，训重修齐守柏庐。天末良朋增契阔，饭余小梦到华胥。阮囊渐渐形羞涩，惜乏陶朱致富书。

弟陈倬未定草

钤：景郑持赠

题记：

乡先辈陈培之先生倬为陈硕甫②先生高弟，精萧选之学，清咸丰己未进士，官至户部郎中，著述甚富。抗战前得其遗稿十余种，惜俱未刊行，迭经沧桑，行箧亦散，今所存仅零星残稿而已。此其遗诗一通，寄赠陆九芝先生懋修者。陆先生为元和廪生，考拔恩贡，以儒医济世，其所著有《世补斋遗书》，至今奉为不易之作。令子润庠③以甲戌殿撰，官至大学士，为吾邑晚清仕林中之佼佼者。今盖后嗣式微，已不能克绍箕裘矣。培之先生所著《隐蛛盦集》亦未传世，此诗当亦遗献之鳞羽，即奉逸梅翁藏弆，为乡贤存兹鸿爪可耳。

庚申正月二十日，潘景郑识

百岁遗乡献。风雨劫尘流转。琳琅散笈最萦情，鳞痕检点，洗尽泪花溅。 名山事业勤萧选。賸有春风面。吟笺剪取蛛隐，寻珍奉作鸿泥券。

　　调寄《青门引》。

庚申新正寄沤词人呈稿

　　钤：景郑题记、景郑倚声、庚申七四翁

小　注

① 陆懋修（1818—1886），字九芝，号江左下工、林屋山人，江
　苏苏州人。出身医学世家。初以贡生补镇江训导，咸丰年间旅
　居沪上，晚居京师。以医术闻名，医论多有中肯之处。著有《内
　经运气病释》《世补斋医书》等。

② 陈奂（1786—1863），字硕甫，号师竹，晚号南园老人，江苏
　苏州人。咸丰元年（1851）举孝廉方正，师从段玉裁、王念孙、
　王引之，先后主杭州汪氏绮振堂二十年。平生所学以《毛诗》
　最为专长，著有《诗毛氏传疏》《郑氏笺考征》《释毛诗音》《毛
　诗传义类》等。

③ 陆润庠（1841—1915），字凤石，号固叟，谥文端，江苏苏州人。
　同治十三年（1874）状元，官至太保、东阁大学士、体仁阁大
　学士，曾任溥仪老师。善书法，意近欧、虞。

笺　释

　　潘老得陈倬遗稿事在民国二十七年（1938），十种分别为《今
韵正义》《今有古无字》《敩经笔记》《汉书人名表》《燕台札记》《日

余笔记》《隐蛛盦笔记》《文选笔记》《分辑选注》及《隐蛛盦文集》，另收得未成稿《年谱》《日记》及零星杂稿若干。《著砚楼书跋》有《隐蛛盦文集辑本》详述此事：

> 余自戊寅春，促居沪上，得先生手校《史》《汉》《文选》等书。旋闻遗稿散在市廛，亟往求之。先后得手稿数十册，多编次未定之作。……盖先生毕生精力所聚，约略可睹。诸稿惜未写定，攸待董理。兹先为编次遗文一卷，得骈散文二十七篇，附录散曲六折，杂著《鸣盛筹谱》一种，付合众图书馆移写成帙，以待传布。继有是暇，当续检遗稿，次第编录。俾乡贤著述，不遂湮没幸矣。

题记中《世补斋遗书》当为《世补斋医书》，分为正集、续集，其中正集六种为陆懋修自撰，刻于光绪十年（1884），是时陆懋修尚在人世。后集四种为陆懋修重订与校正前人医籍，由其子陆润庠刻于宣统二年（1910）。

清代中后期，随着西方医学传入，解剖学渐为人们关注，河北名医王清任于道光年间通过刑场实地观察死囚尸体及内脏，以及解剖家畜对比观察内脏，撰成《医林改错》，对传统中医藏象学理论提出大幅修改，部分观念甚至达到颠覆性，引起医界极大争议。

陆懋修所持意见与《医林改错》相左，在《世补斋医书》卷十中大批王清任为"狂人""邪徒"，痛斥王清任是"教人于豺骼堆中、杀人场上学医道",而陆懋修亦因此而被视为守旧派。范行准因此评价陆懋修："此反对清任以死尸作检验生理,而护旧说之短也,不知西洋解剖生理学之进步,固多赖死尸,特其方法有异耳。懋修生于第二次西洋医学传入大盛之时,犹为此瞽说,其视清任之识见,不有山头井底之别邪!"

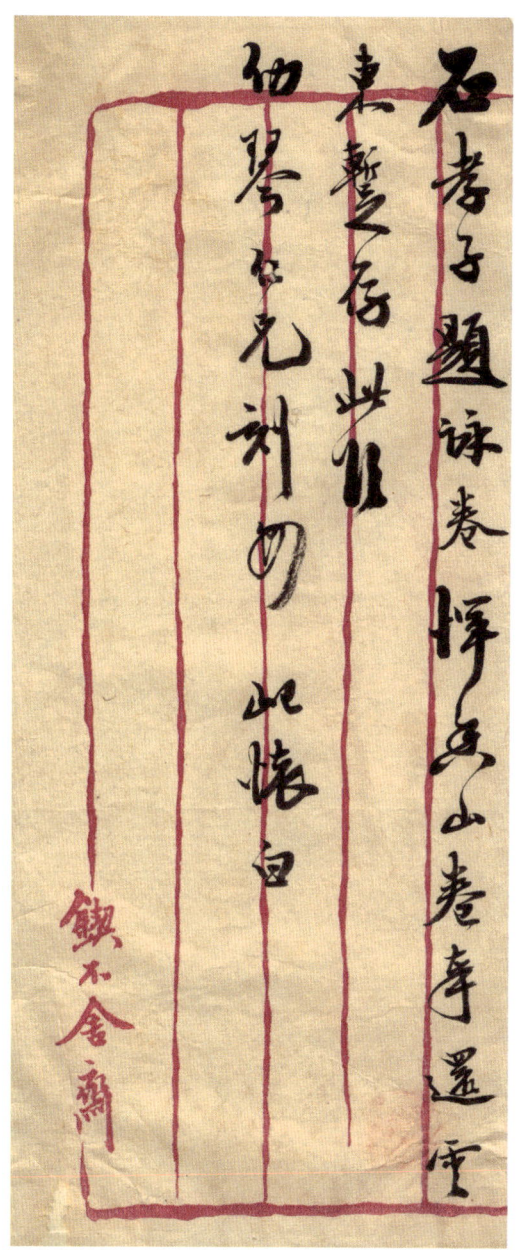

斲琴妃博先生金並程東一通偶於叢殘中拾得

乙丑遊主敘館授編修為先鄭庵尚祖誠取士晚寓吳下書屋當松雪收藏書畫之址地

精而廣香鄉、桃花塢那有民俗之勝身歷兩客婦其凡費仲深樹蔣遂遠家滬上

抗戰時方多訪其令翩子詒龍鑑珠里安敍請乞諸赤絨書方全思招建當金懷息四千餘

年來嗣經甲申失去未還此僑先生方為先叔祖季編遠通書經月卅午桿余折以補秉成

鄭庵文賸諸補討諸墨蹟今先生手編月录亦竹烟雲聚散苍茫思之個此斯幀季夜

乃奉　　迄梅先生藏弄一孤之感億不以匝之鮮翈見咖丹吉夫有朔日傷兵鄭記

殘瓷振雲皁點消珍翈翊一幀章西彘章末隨庵士 香帥方敬翊

　　純帳銅瓶偲持传奉苔苔聊以懱心懷 客运詩人吳穗

迄梅翁枚山

释　文

石孝子题咏卷、恽香山卷奉还，云东暂存。此颂

幼琴仁兄刻安。

屺怀①白

题记：

　　此费屺怀先生念慈短柬一通。偶于丛残中捡得。考屺怀
又号西蠡，江苏武进人，清光绪己丑进士，散馆授编修，为
先郑庵叔祖所取士。晚寓吴下，书法学松雪，收藏书画文物
极精。所居吾乡之桃花坞，颇有池馆之胜，身后所居归吴江
费仲深树蔚②，遂迁家沪上。抗战时予曾访其令嗣子诒于联
珠里，重叙旧谊，子诒亦能书，为余写折箑留念，倏忽四十
余年矣，扇经戊申失去未返。屺怀先生曾为先叔祖手编遗书
总目，卅年前余据以补集成《郑庵文賸》《诗补》，付诸墨版。
今先生手编目录亦付烟云，聚散苍茫，思之惘然。斯帧幸存，
即奉逸梅先生藏弆，一狐之腋，倘不以区区鳞羽见哂耳。

己未十月朔日，潘景郑记

　　残簏拾零星，点滴珍鳞羽。一帧重西蠡，幸未随尘
土。　　耆宿古欢新，纸帐铜瓶侣。持此奉苔芩，聊以
倾心愫。

　　调寄《生查子》。

逸梅翁指正。

寄沤词人呈稿

钤：潘、景郑、景郑填词、己未七三翁

小　注

① 费念慈（1855—1905），字屺怀，一字峐怀，号西蠡，晚号艺风老人，别署归牧，江苏常州人。光绪十五年（1889）进士，授编修。工书法及山水，精鉴赏，富藏书。与翁同龢、汪鸣銮、叶昌炽等相厚。著有《归牧集》。

② 费树蔚（1884—1935），字仲深，号韦斋、愿梨、迂琐居士，江苏苏州人。吴大澂婿。曾入袁世凯幕，后袁世凯欲复辟，费树蔚直谏未纳，遂返乡。工书画，擅诗文，著有《费韦斋集》。

笺　释

《重修常昭合志》有载："沈文澍，字幼琴，昭文诸生，城陷后，贼掠乡，不屈剖腹死。"《黎里续志》又载："同治七年，邑人邱明经鹏、费学正延庆、里人沈文澍、周邻表权借众善堂屋集愿创设接婴局，收婴暂乳，转送省城育婴官堂。"潘老题记谓费念慈"身后所居归吴江费仲深树蔚"，费树蔚恰好是与沈文澍等合创接婴局者费延庆嗣子。数条信息综合观之，沈文澍与费念慈手札上款之"幼琴"同里、同时、同字，故沈文澍或即此"幼琴"也。

费念慈故宅名"归牧庵"，今址为苏州桃花坞大街176号，据云明代画家唐寅亦曾居该处。民国十二年（1923），费仲深购得此宅后予以整修，更名宝易堂，又因此地曾为唐寅居停处，宅中复以梦墨亭等唐寅轩榭旧称颜之。郑逸梅《艺林散叶续编》有记："闽中诗人林纫庵，寄寓吴中，与费仲深比邻，因有句云：'买邻待乞长房药，入坞行寻子畏花。'所居桃花坞，唐子畏故址也。"

费念慈之子费子诒资料未多见，仅于时人日记、跋语中偶得数条。《张葱玉日记》民国二十八年十月二十五日载："访费子诒，观钱舜举《八花图》并元人《九歌》各一卷，又欧公《灼艾帖》，富弼一帖，亦佳，闻尚有东坡一札，未见。"至十一月十七日，《灼艾帖》已归张宅，日记载："友庆为予作缘，以四千五百元得欧阳文忠《灼艾帖》、富郑公《更事帖》，俱北宋名迹，吴中费屺怀太史家物。"可知费屺怀当日家藏之富。

至同年十二月五日，《日记》又记："访费子贻（即子诒），观左建《归牧图》，图绢本，右下有'浮休'二字，翁同龢考为张舜民笔。舜民、建俱北宋人，而此图气韵不足，至多南宋人笔也。又程偈庵《黄山纪游》小册，至精，惜画只三页。又扇册一，书真而画伪。又宋拓《多宝塔》一册，至佳，惜予素恶毡蜡，未能味其妙耳。观后出皋兰白酒相饷，围炉尽三器，几至醺醺矣。"围炉尽三器，今人不敢奢思矣。

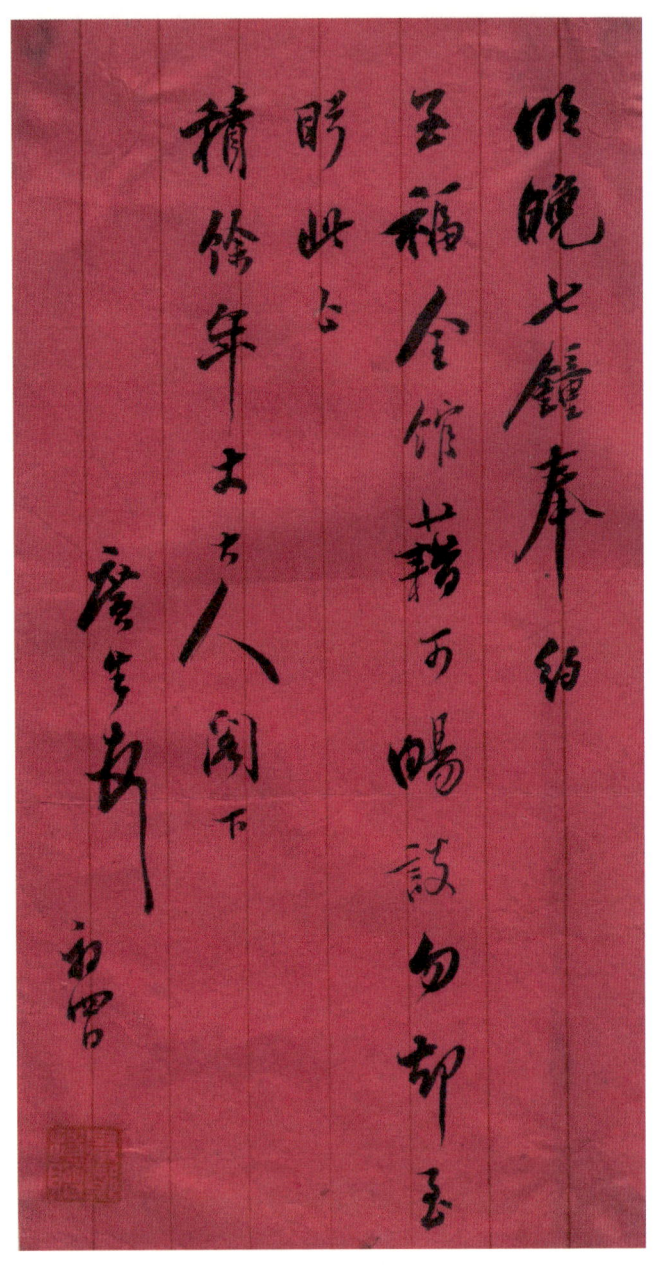

三三　冒广生致徐乃昌

昌鹤亭丈为巢氏先人题商其外祖刘祥霭周季贶星饮心又名著青咸同间祥

符三周为世所推重鹤亭丈浮其怀抱之委卹博览多闻著述富有刻成冒又叢刻行世

刑著述未壹刊行克享大年三十年来同会泥墙覆瓿教盖于谨会间相值观其读旺凤

生一序於服盖亦攻代者巢氏人物文遗国和游世年八十馀闻其遗稿仙人捐献上

海世刻绦运今廿馀千端多待布椒会国知君山之巢亦有滂遇亭已批盖攻绦馀仙

丈者常是中年之年经简写数许者主就手丈晚年心手颠多纯作楷方人乞解

多绦庵代偶有纪笔而念漆羊今兔共遗睢已好星凤刈年一叙孙足瑑视焉记

拾幸　逵稚翁为老华孙葵瑑那千庚申山月之二十音清桑郑坡

世载烟云振老成已久彫人天迄各山遥有志侪多珠茇祓同捐扇　鳞羽

犹存斥面拾致叢浮憬缝缕心蕲绵纶锦莲长恩泥泓当兮

　　　　调筝愺故人

　　　　　寄庵词人星揭

释　文

明晚七钟奉约至福全馆，藉可畅谈，勿却。至盼。此上
积余年丈大人阁下。

广生顿首

初四日

　　　钤：景郑持赠

题记：

　　冒鹤亭①丈为巢民先生②贤裔，其外祖则祥符周季贶星
诒③，以文名著清咸、同间。祥符三周为世所推重，鹤亭丈得
其外祖之垂绪，博览多闻，著述富有，刊成《冒氏丛刻》行世。
顾著述未尽刊行，克享大年。三十年来同居沪壖，获聆教益。
于谯会间相值，观其谈吐风生，一座折服，盖亦现代老学庵
人物也。建国后逝世，年八十余。闻其遗稿后人捐献上海博
物馆，迄今廿余年，犹无传布之机会，因知名山之业，亦有
际遇耳。此札盖致徐积余丈者，当是中年之笔，短简寥寥数
语，当出亲手。丈晚年以手颤不能作楷，为人题辞，多经庖代，
偶有亲笔，亦多潦草。今觅其遗迹，已如星凤，则此一纸弥
足珍视焉。兹检奉逸梅翁，为老辈存兹鳞羽耳。

庚申正月二十五日，潘景郑跋

　　廿载烟云，怅老成，已久彫、人天远。名山还看未传多，
珍护同捐扇。　　鳞羽犹存片面。检残囊、深怀缱绻。心蕲

缟纻，锦箧长恩，泥痕留券。

　　调寄《忆故人》。

寄沤词人呈稿

　　钤：景郑题痕、景郑填词、庚申七四翁

小　注

① 冒广生（1873—1959），字鹤亭，号疚斋、疚翁、小三吾亭长，晚号水绘庵老人，江苏如皋人。光绪二十年（1894）举人，历官刑部、农工商部郎中。明末四公子冒辟疆后人。少从外祖周星诒治经史、目录、校勘之学，以诗人、词家闻名于世。著述极丰，有《京氏易三种》《大戴礼义证》《管子校注长编》等。

② 冒襄（1611—1693），字辟疆，号巢民，一号朴庵，江苏如皋人。明末清初文学家。康熙十八年（1679）征应博学鸿词科，辞不赴。与侯方域、陈贞慧、方以智有明末四公子之谓。著有《水绘园诗文集》《影梅庵忆语》等。

③ 周星诒（1833—1904），字季贶，号窳翁、癸巳翁等，原籍浙江绍兴，后迁河南开封。官福建建宁知府，富藏书，室名书钞阁，著有《勉熹词》《传忠堂书目》等。

笺　释

　　福全馆是民国年间北京隆福寺附近的一家酒楼，经理王润田，规模颇大，有房屋七八十间，院落宽绰，建有戏台，彼时北平城内之官宦、名流婚丧嫁娶，多兴在福全馆宴请客人，北京沦陷后生意逐渐衰落，40年代中期歇业。福全馆戏台逸事最为人乐道者，据称是1937年民国"四大公子"之一张伯驹的四十岁生日宴，张为赈济河南水灾义演《失空斩》，自扮孔明，由当时最著名的四位名角为其扮演配角，分别为余叔岩的王平、杨小楼的马谡、程继先的马岱和王凤卿的赵云，轰动一时。

清末民初时，隆福寺书市颇旺，有三槐堂、修绠堂、修文堂、宝会斋等二十余家，冒广生与徐乃昌皆嗜书之人，阅肆之余，于福全馆小聚当是常景。

冒广生与明末四公子之一的冒襄同出如皋冒氏，且同为阴历三月十五生日，冒广生为第二十世，冒襄则属第十二世，冒广生的九世祖士振与冒辟疆曾祖父士拔为亲兄弟。冒广生因出生于广州，故得此名，其母周萱为周星诒之女，潘老题记所称"祥符三周"即指周星譬、周星誉、周星诒三兄弟。广生六岁失怙，随母依周星诒生活，及长，曾辑刻周氏昆仲文集《五周先生集》，以纪念外祖辈，有俞樾序。《清史稿·列女传》有其母周萱小传：

　　冒树楷妻周，树楷，如皋人；周，祥符人。树楷以知县待缺福建，早卒。周挈子女从舅广州，舅亦卒。侨居，日食率百钱，翼子女以长。子得官，将请旌。周拒之曰："妇节常耳，人子于其母，奈何欲假以为名哉？"父星诒，诸父星譬、星詧，并有文行。

冒广生在民国六年将冒辟疆故宅由张姓手中赎回，加以修葺，园中池沼依然明代故物也。然移居仅三年，得回禄光顾，历代收藏的古籍珍本付之一炬。冒广生三子冒效鲁尝作《冒鹤亭先生传略》，谓："庚申我如皋旧宅失火，烧掉了拙存堂和两厢房，历代收藏的古籍珍本文献和我父本人的《律学考》手稿都付之一炬，如皋老翰林沙健庵（元炳）曾有五言古诗纪这次损失。……庚申一火对我父在情感上的打击是很沉重的，决然辞官不做，归隐如皋。"

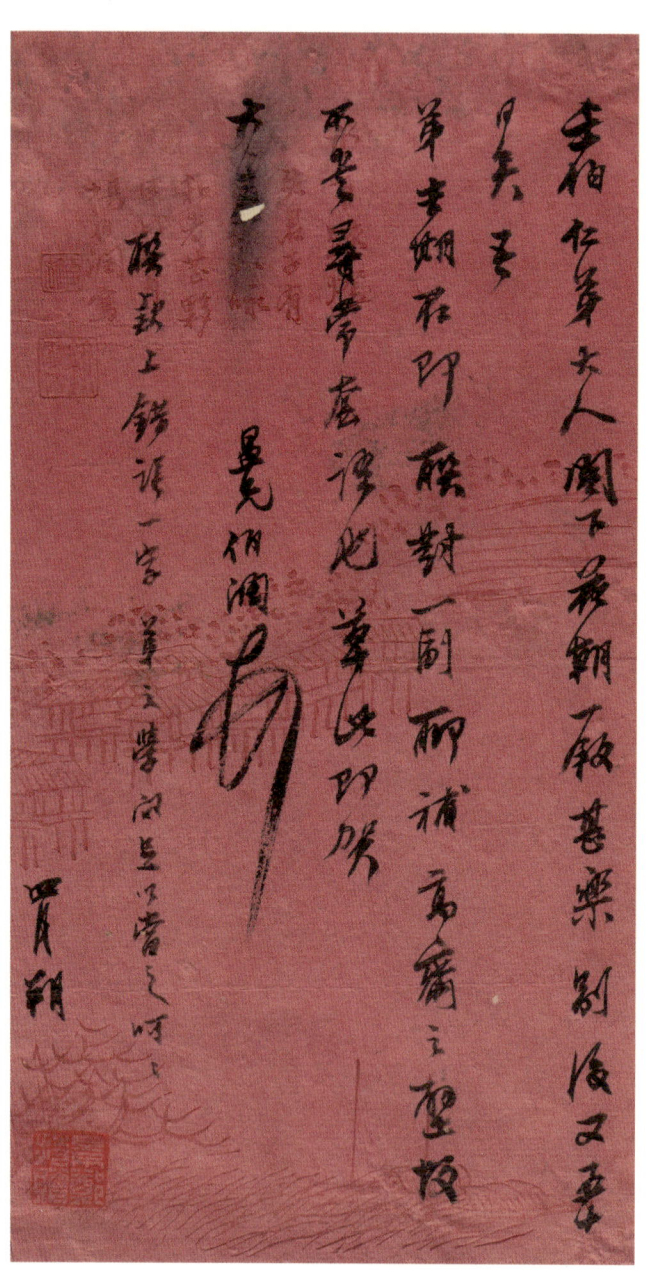

畫家楊伯潤手札為首年攜補先兄兩花天籟而好以者按伯潤字佩甫一字南湖刺

署荼禪素興人父韻工書畫藏名蹟甚多伯潤幼承家學阮古不輟遂得郎者情藏

幸中遘難毛屐驫畫養毋其畫初奇儂厚淅縣平淮雅秀之亂書米散米秀骨

天成又工詩著有南湖草堂集八卷詩石為畫識六春殘於淮上年七十五歲住豫園書畫

善會之長王起誠亦解畫三年於五十初辟楊民三世供摹六法惟伯潤畫名最著遠

罜廣伴亦數千金氏其所渭扇邁筆致此遠者為晚年所作僭笈藏晚清書畫二家

扇南二三百幀竹尖談代筆三厄己不隆可雅騎失於子札於最殘印栓弘風雅畫家天籟之補

裏千已不亮償印壽者　逸榻胸藏書聝補海上遠釟可為虔中沖月清恭誰礼

海上墨梅多枯疏星庄三世丹青蹄鴻泥犒見南湖彩　于羽勝弦

裏一衆歯滄海收入銅瓶紙帳穩長葆宜心快

調寄卜算子壽

寧倚詞人玉樑

正

释　文

壬伯[1]仁弟大人阁下：

花朝一叙甚乐，别后又五十日矣。吾弟吉期在即，联对一副，聊补高斋之壁，故不书寻常套语也，草此即贺

大吉。

愚兄伯润[2]顿首

联款上错误一字，弟之学问足以当之，呵呵。

四月朔

　　钤：景郑持赠

题记：

画家杨伯润手札，为昔年拟补先兄《画苑尺牍》而收得者。按伯润字佩甫，一字南湖，别署茶禅，嘉兴人。父韵，工书画，藏名迹甚多。伯润幼承家学，临古不辍，遂得成名。清咸丰中避难至沪，鬻画养母。其画初尚浓厚，渐归平澹雅秀之气，书学颜米，秀骨天成，又工诗，著有《南湖草堂集》八卷、《语石斋画识》二卷。殁于沪上，年七十五，曾任豫园书画善会会长。子起诚亦能画，年未五十即卒。杨氏三世俱擅六法，惟伯润画名最著，遗墨流传亦较多。余曾得其所绘扇箑，笔致幽远，当为晚年所作。惜箧藏晚清书画家扇面二三百帧，均失诸戊申之厄，已不复可踪迹矣。此手札于丛残中检得，凤愿画家尺牍之补，衰年已不克偿，即奉吾逸梅

翁藏弄，聊补海上遗献可焉。

庚申正月，潘景郑记

海上墨林多，检点疏星在。三世丹青迹鸿泥，犹见南湖彩。　　片羽膡残囊，一粟留沧海。收入铜瓶纸帐稳，长护宜心快。

调寄《卜算子》奉正。

寄沤词人呈稿

钤：景郑题痕、景郑倚声、庚申七四翁

小　注

① 许仁沐。

② 杨璐（1837—1911），原名佩夫，一作佩甫，字伯润，号茶禅，别署南湖外史，浙江嘉兴人。晚清书画家，擅山水、行草，流寓沪上，卖画养母，曾任豫园书画善会会长。著有《南湖草堂集》《语石斋画识》。

笺　释

潘承厚曾辑《明清画苑尺牍》，于民国三十一年（1942）影印出版，收录明清两朝247位书画家尺牍，均为潘承厚所藏。潘景郑曾有意续补此书，故多方收集画家尺牍，此其一也。

杨伯润名璐，以字行。其妻袁华字缦华，工诗善绘，有《缦华楼诗钞》，中多夫妇联句及唱和之作，尤以落帆亭两度联句，最令人羡。王韬《瀛壖杂志》论及沪上书画之家，有诗咏杨伯润："佩父于今杨补之，画专山水重当时。偶将余技酬知己，落纸云烟自制诗。"海上名家吴昌硕亦有多首诗作咏杨伯润，其中《十二友诗》中"杨南湖伯润"诗云："南湖水浸烟雨楼，不能归去南湖愁。奇书下酒见表眼，一官入世将白头。句句诗吟海上雪，山山画出云间秋。何日与君脱尘网，去买钓艇披羊裘。"

天津文美斋南纸店曾于光绪二十七年（1901）石印出版杨伯润《语石斋画谱》，颇受好评。宣统三年（1911），文美斋又出版张兆祥所绘《百花诗笺谱》，成为一时风雅之物，嗣后又出版不少自制笺纸，不少名家都曾为文美斋创作笺样，如钱慧安、沈心梅、黄花农等，杨伯润亦在其中。此札为杨伯润致许仁沐者，所用笺纸图案为杨伯润所绘，内容为野渡、水榭及远树，或亦为文美斋所制。

潘老题记中所称"豫园书画善会"又名"邑庙豫园书画善会"，发起人为姚鸿、黄俊、汪琨，创建于清宣统元年（1909）二月，会址设于豫园九曲桥荷花池南侧的得月楼笺扇店旧址楼上。该会发布《上海书画善会合作润例并附章程》规定："拟定所收之润，半归会中，半归作者。如遇指名专件，仍照各人自有润例，概归本人，与会无涉。"归于善会的部分润例则存庄收息，遇有善举，公议酌拨，夏令施药，冬季施米，故有"善会"之称。先后入此会者近二百人，前后活动时间近四十年。

潘老题记中对于杨伯润之简介出自杨逸《海上墨林》，杨逸亦书画善会的主要成员之一，该书最早由书画善会的第二任会长高邕审定并出资出版发行，后经两次增补，由豫园书画善会第三次重印时，改名为《增补海上墨林》。

宣统二年（1910）花朝时，豫园书画善会假斜桥西园举办书画展，并以义卖形式发售"广善券"募集善款，杨伯润亦有作品参与此事。唯此花朝并非札中杨伯润与许仁沐"一叙甚乐"之花朝，盖此时许仁沐已驾鹤有年。

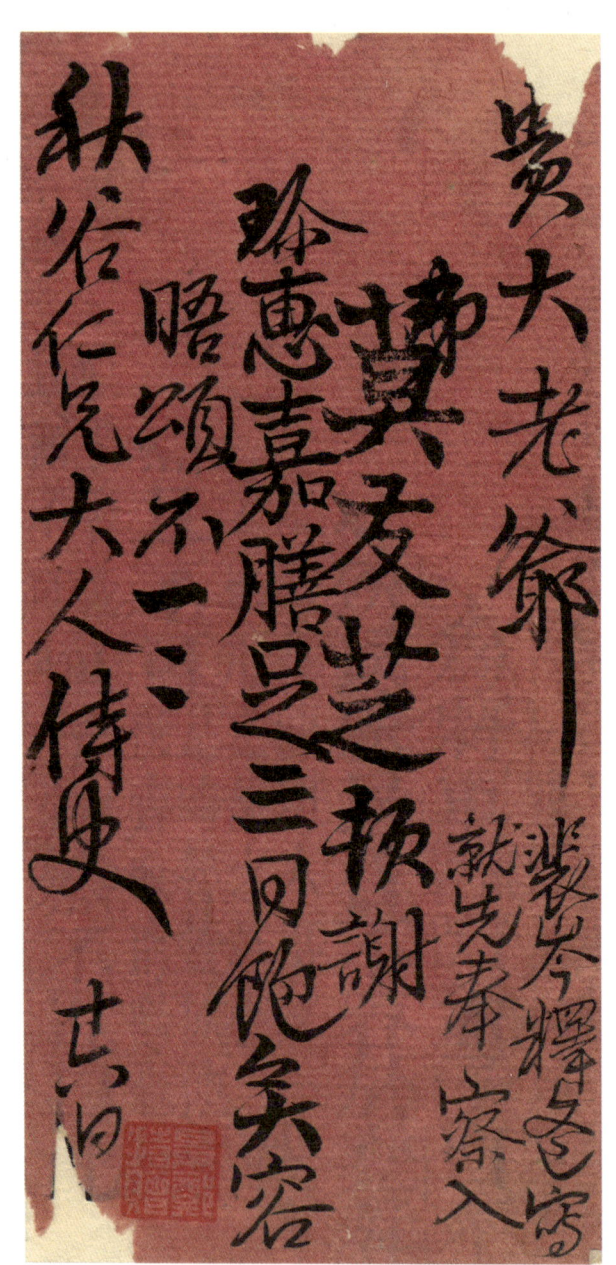

三五　莫友芝致潘康保

山莫子偲先生政先私否族妹祖姪湘一通切以自用春长书其二泝简

膝中之别枝湘睾之数行而其面目具存计其歲月茫在清光绪初期

抱先生春交芝弟郎孝晚辈昕邲绵山人清道宪向辈人通若雅拟训旁及

金石目録之望工二书其行篆稱年臻其妙為遵羲鄭珍琦君时稱鄭莫学容

常国藩幕晚寓金遂以终著述若官儒寓夹半身以书教善中颇有郎孝远逸余荽

生生之棻切其胞松聚书甚富有郎孝革行世其子好孝终継其業莫堂

藏生生稿墨敕撰篆隸行楷俱備今皆夹之毛越札佑存敗篋中偶檢出印春

逐榻剞劂庶不以其片開而無诸至虞申三月清桑鄭识

片羽雲鴻墨筆春帖係痕還憐百歲遮迤風雨廪瀫盦遠
塵市　書法郎孝各聯赫柸莫鄭旱耕婆娑捡照沐雅
懷傷竛在賞析期居久　词孝丙申花
遠翁新正
寄居沁人青栿

释　文

秋谷①仁兄大人侍史：

　　贵大老爷珍惠嘉膳，足三日饱矣，容晤颂，不一一。

弟莫友芝②顿谢

十六日

裴岑释文已写就，先奉察入。

　　钤：景郑持赠

题记：

　　此莫子偲先生致先秋谷族叔祖短简一通，即以自用名片书其上，亦简牍中之别格，虽寥寥数行而其面目具存，计其岁月，当在清光绪初期。按先生名友芝，号邵亭，晚号眲叟，独山人，清道光间举人，通苍雅故训，旁及金石目录之学，又工书，真行篆隶，各臻其妙，与遵义郑珍③齐名，时称"郑莫"。曾客曾国藩幕，晚寓金陵以终。著述甚富，有《邵亭集》行世。其子偓皆能继其业，莫楚生④先生棠即其胞侄，聚书甚富，侨寓吴中，身后书散，其中颇有邵亭遗笈。余旧藏先生翰墨数种，篆隶行楷俱备，今皆失之。此短札仅存败簏中，偶检出，即奉逸梅翁，倘不以其片简而忽诸焉。

庚申三月，潘景郑识

　　片羽零鸿题笔。名帖陈痕还惜。百岁迢递风雨处，敝箧遗尘席。　书法邵亭名显赫。并莫郑、早称双璧。检点付、雅怀缟纻在，赏析期晨夕。

　　调寄《雨中花》。

逸翁拜正。

寄沤词人呈稿

　　钤：景郑跋语、景郑填词、庚申七四老人

小　注

① 潘康保（1834—1881），原名贵生，字良士，号秋谷、青芝山人，
江苏苏州人。潘遵祁次子。咸丰九年（1859）恩科举人，署诸
暨知县，补用知府。富收藏，著有《迦兰陀室诗钞》。

② 莫友芝（1811—1871），字子偲，号邵亭，晚号眲叟，贵州独
山人。晚清藏书家、版本目录学家，室名影山草堂，父、子、
侄均嗜书藏书。所撰书目有《影山草堂书目》《持静斋藏书纪
要》，另有《黔诗纪略》《声韵考略》《唐写本说文木部笺异》等。

③ 郑珍（1806—1864），字子尹，晚号柴翁，贵州遵义人。道光
十七年（1837）举人，精小学，工书善画，与莫友芝并称"西
南巨儒"，两人相交甚厚。著有《仪礼私笺》《说文逸字》《说
文新附考》《巢经巢集》等。

④ 莫棠（1865—1929），字楚生，贵州独山人。莫友芝九弟莫祥
芝的第三子，亦藏书家，精版本目录之学，喜收黔人著述，晚
年寓居苏州，室名铜井文房、文渊楼。著有《铜井文房书跋》。

笺　释

　　莫友芝与潘康保相识是在同治九年（1870），是年莫友芝五十九岁，潘康保三十六岁，《郘亭日记》是年三月初八载："潘椒坡（介繁）、秋谷（康保，己未孝廉）昆仲先后相看。秋谷，顺之之子；椒坡，顺之侄也。秋谷极好金石，曾托吴清卿索余书，今始识之。"次年九月十四日，莫友芝于扬州去世，故此札当书于同治九年三月至次年八月之间。

　　札中所称"裴岑"指《敦煌太守裴岑纪功碑》，简称《裴岑碑》。此碑于清雍正七年（1729）由岳钟琪发现于巴尔库尔（今巴里坤哈萨克自治县），乾隆二十二年（1757）由裘曰修首次椎拓后带回中原作为礼物赠人，此碑遂渐为世人所知。潘康保与莫友芝皆雅好金石，故札中言及此碑。西泠印社2018年春拍有金石碑帖专场，其中上拍有莫友芝题跋《汉裴岑纪功碑》，为天津藏家樊彬旧藏，成交价为五万余元。

　　潘老题记云莫友芝"曾客曾国藩幕，晚寓金陵以终"，其实莫友芝与曾国藩不仅是主客关系，更是相识与相契。曾、莫相识于道光二十七年（1847），两人在琉璃厂访书时不期而遇，黎庶昌《莫征君别传》载："丁未会试，公车报罢，与曾文正公国藩邂逅于琉璃厂书肆。始未相知也，偶举论汉学门户，文正大惊，叩姓名，曰：'黔中固有此宿学耶！'即过语国子监学正刘荛云传莹，为置酒虎坊桥，造榻订交而去。"

　　莫友芝入曾国藩幕后，为其访书刻书，并参与江南官书局校勘之事，同治四年（1865）春奉命前往江南，开始搜求太平天国乱后由文汇、文宗两阁中散出之遗书，访书活动一直持续到同治十年（1871）。是年莫友芝听说兴化里下河一带多有旧藏，遂绕道前往访书，途中感染风寒，数日之后病逝舟中。黎庶昌《别传》载："同治十年，往求文宗、文汇两阁书于扬州里下河。九月辛丑至兴化，病卒，县令甘绍盘视其丧，年六十有一。"

曾国藩闻讯后极为伤心，致信潘祖荫："莫子偲于九月遽归道山，江表遂无好事者搜罗金石，寻究古书，供朋游之玩索。人琴之感，想阁下亦增怅悒。"又为作挽联："京华一见便倾心，当时书肆订交，早钦宿学；江表十年常聚首，今日酒樽和泪，来吊诗魂。"

【附】莫友芝于道光二十七年在京与曾国藩相识后，离京时曾国藩所作《送莫友芝》：

> 豪英不地囿，十九兴偏邦。斩崖拔丛棘，往往逢兰茝。黔南莫夫子，志事无匹双。万书薄其腹，廿载幽穷乡。今年偶作剧，射策来都堂。青鞲侧破帽，日绎书贾坊。邂逅一相见，揖我谓我藏。刘郎吾庸敬，好事迷短长。炙酒赪君颊，亦用沾我肠。微澜时激引，稍稍观涛江。可怜好手眼，不达时温凉。果然被捐斥，锄刈不成芳。谁能尼归驾？飘若惊鸿翔。我时走其庐，深语非浅商。次及蓼莪痛，老泪何浪浪。嗟余亦心性，内刺能不降。宾然拜床下，十分肃老庞。关山有乖隔，人事不可详。万里共日月，肝胆各光芒。作诗勖岁莫，亦以勤刘郎。

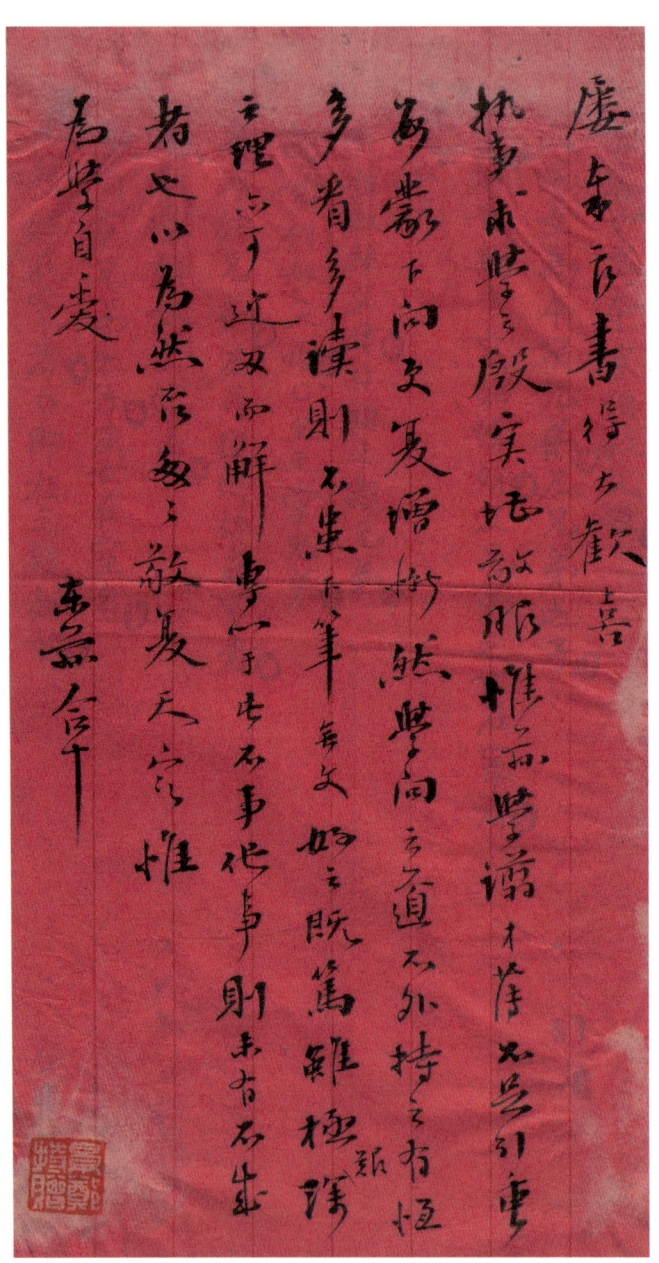

三六 张东荪致后学

張東蓀手札一函未署上款似為勉勵此似晚屬之辭弘東蓀字聖心非

當學日本歷任大共和日報庸言雜誌大作等雜法及正誼雜誌主筆時著有燕

錫倫齡中國公學等長兼代校秀圈立政治大學教授北大等教授丽著有燦

學古科學道德哲學新哲學論叢子評有創化論物質與記憶等書美之丁

平案敬言家一切唐人物其身孟勒有史事評擅文學抵載号皆逼天素祈之題

詞非今四十年已欧夢影東蓀圈未識之今皇勒違扎已久矣此惟高此千前隅

而藏洪泌雕工偉丽最現中彦驗車 遂為以備近代學人之楯 丽於首日

鄉夢庄 廑羽承黃派鎌鬼修諸文士平篤羅室話萱唐兒鹹陵

洞考廣江南崖崖

學收睡如括李空水楠共集甲子庚申五月傳素鄭誠

遂為前少年許山

芝居坳人王楠

莫國逃

释 文

屡奉良书，得大欢喜。执事求学之殷，实堪敬服。惟荪①学谫才薄，不足引重，每蒙下问，更复增惭。然学问之道不外持之有恒，多看多读则不患下笔无文。好之既笃，虽极艰深之理，亦可迎刃而解。专心于此，不事他事，则未有不成者也。以为然否？匆匆敬复，天寒惟

为学自爱。

东荪合十

　　钤：景郑持赠

题记：

张东荪手札一通，未署上款，内容似为勉励后学勤奋之辞。考东荪字圣心，曾留学日本，历任《大共和日报》、《庸言》杂志、《大中华》杂志及《正谊》杂志主笔，《时事新报》总编辑，中国公学学长兼代校长、国立政治大学教授、东北大学哲学教授，所著有《哲学与科学》《道德哲学》《新哲学论丛》，又译有《创化论》《物质与记忆》等书，盖四十年前教育家之知名人物。其弟孟劬②有史才，并擅文学，抗战前曾通尺素，并乞题词，距今四十年，已成梦影。东荪固未识之，今孟劬遗札已久失去。此帧亦卅年前偶而获诸冷摊上，幸存丛残中。兹检奉逸翁以备近代学人之补。翁于当日掌故了如指掌，定多补其遗闻耳。

庚申五月，潘景郑识

乡梦在，片羽亦芳菲。录鬼簿添文士笔，茑萝漫话旧尘泥。旅绪总凄迷。

调寄《忆江南》。并呈

逸翁前辈斧正。

寄沤词人呈稿

钤：景郑题记、景郑填词、庚申七四老人

小　注

① 张东荪（1886—1973），原名万田，字圣心，笔名东荪，晚号独宜老人，浙江杭州人。现代哲学家、报人，先后执教于多间大学，曾担任中国民盟中央常委、秘书长。著有《哲学与科学》《新哲学论丛》等。

② 张尔田（1874—1945），原名采田，字孟劬，号遁堪、遁庵、许村樵人，浙江杭州人。近代历史学家、词人。清末曾官刑部主事，入民国后任清史馆纂修，先后于多间大学执教。著有《史微》《槐后唱和》《钱大昕学案》等。

笺　释

张东荪原名张万田，"田"为字辈，"东荪"为其自取名，意为东甫公之孙，以示对祖父张之杲的敬仰。张之杲曾任泰州知州，咸丰三年（1853）太平军来攻，因守城积劳成疾，死于任上。

张东荪很早就对宗教和哲学有了兴趣，他在《新哲学论丛》

的自序中称："我是十八岁读《楞言经》便起了哲学的兴趣。平素尝有一种痴心妄想：以为非窥探宇宙的秘密、万物的根元不可。"可能是回忆太过久远，对于具体的时间记忆模糊，他在《思想与社会》序论中又写道："著者有哲学兴趣是在十六岁的时候。当时得读佛书《大乘起信论》与《楞严经》，不禁手舞足蹈。"

后来张东荪留学日本，很快接受了西方自然科学与西方哲学，并为之折服，开始怀疑佛教所谓的解脱或涅槃的境界是否是一种心理的变态。求学归来后，张东荪广泛参与社会运动，发表大量政论文章，对于佛教的态度也发生了转变。民国十一年（1922），张东荪在《时事新报》副刊《学灯》上发表《读〈东西文化及其哲学〉》一文，其中写道："但我对佛家思想向来有一个怀疑，因为我在十八九岁的时候曾信仰过佛学，后来却一天一天怀起疑来了。我以为照这样做工夫（我以为不做工夫而谭佛理便不是真佛学），一个人证得真如以后怎么呢？"

此札未署"东荪合十"，尚是自认佛子的署款，兼以用词、语气观之，当是张东荪早年笃信佛教，尚未涉足时政时所书。而其总结自己的一生时，曾自称："以哲学兴趣为主，而又不能忘情于政治。"

潘老札中称"其弟孟劬"为笔误，孟劬为张尔田，长东荪十二岁。母亲陈氏去世时，张东荪年仅八岁，照顾及教导之责任遂由长兄张尔田负责。夏循垍《张先生孟劬传》称："先生幼而失恃，介弟东荪，年在龆龀，庭训之余，抚教并施，友于至笃。迨其授室，雍睦之称，遍于戚党。……阃门内外，迄无间言。其刑于之化，孰能及之。至若接人以诚，苟属知交，咸生敬慕。其启迪后进，孜孜不倦。平生寡嗜欲，自奉约而与人厚。"

三七　张尔田致伟臣

张君幼失怙，初唐来田晚政居莆田伯仁俊后籍于闽海。地民国初为清史馆纂修，尝任先生之遂目刊成编。滨初祝为佳史，即今史稿承传远不逮尔。文详论史裁体例，成史稿一书博而未竟。为文典赡为其心力所萃，及考据句杼笔尖亭论文精通佛推许者奉编清史稿往往地传一门。搜采故实卓荦有史才。稿成主编者信人言，弃亦秀与偏纂修江通志成方针一片横祸数十册以通紊乱雠对行其稿今在上海拟出版。奈君潘阁一遂资料多富美采据经典昉画览全成局始瑧诸家难未识笔削承学鱼。脉往往遗损弊先生二三君全然臧藏室书自稿有小全一阖词美方古隐入此宗。堂奥情今咸批送天涂案已表一石此札布言志藏城中揽书遂尚心倾东斱。史笔才华千古掀于梅房飞絮德裙如花风雨都把眉山峡姮更惟先生一礼借许业梯淡辞年庚申六月吾侄潘萦郑记忘年编综鸿雪汜此题句世裁化作尘土罗窗雾者记幽怀润亭堂鸿翔窗词人玉井

释 文

伟臣仁兄姻大人阁下：

昨得报书，匆匆肃复，想鉴之也。斋居无俚，取尊诗细读之，觉高怀远韵，老笔纷披，实兼有东坡、诚斋、空同之美，诸子之长，故能有此神境。近世诗派轻纤流滑，非公作盖不能药之也。弟既感惠子之知我，不觉见猎心喜，勉竭余勇，辄成小律二章，终苦倔强不驯，味同嚼蜡，不敢自匿其短，写正有道，希有以教之，幸甚幸甚。手肃，敬颂

吟安。

姻小弟张采田顿首

钤：景郑持赠

题记：

张孟劬先生初名采田，晚改名尔田，浙江钱唐籍，学问淹博，民国初为清末诸硕学所推许，曾参编《清史稿》，任《后妃传》一门，博采故实，卓荦有史才。稿成，主编者偏信人言，废弃不用，先生遂自刊成编，读者视为佳史，即今史稿所传，远不逮也。又详论史裁体例，成《史微》一书，堪与章实斋①《文史通义》媲美焉。其他诗文及长短句均斐然可诵，又精通佛学，亦参与编纂《浙江通志》，成《方外》一门，积稿数十册，后《通志》未能刊行，其稿今在上海图书馆。余曾翻阅一过，资料丰富，盖采撷经典，非遍览全藏，曷能臻此。余虽未识

先生，顾亦曾鱼雁往返，请益频繁。先生亦曾为余题所藏《笺经室书目》稿本小令一阕，词意高古，深入北宋堂奥，惜今藏札迭更沧桑，已无一存。此札亦得之返璧丛残中，检奉逸翁，以俪东苏先生一札，堪许棠棣双辉耳。

庚申六月，寄沤潘景郑记

史笔才华千古。撷拾椒房飞絮。恁被妒花风雨。却把名山歧阻。　更忆忘年缟纻。鸿雪记曾题句。卅载化作尘土。零笺重记幽侣。

调寄《双鸂鶒》。

寄沤词人呈草

钤：景郑题记、景郑填词、庚申七四老人

小　注

① 章学诚（1738—1801），字实斋，号少岩，浙江绍兴人。乾隆四十三年（1778）进士，官国子监典籍。著名史学家、目录学家，提倡"六经皆史"，所著《文史通义》为清中期史学重要著述。另著有《校雠通义》《方志略例》。

笺　释

张尔田于民国三年（1914）入清史馆任纂修，民国十二年离馆，前后在馆将近十载，期间尝赋《采桑子·史馆秋蓼》：

旧家池馆栽无地，一角墙东。画出霜容。澹到秋心不许红。　　夕阳着意相怜藉，媚尽西风。蝶梦烟空。明日登楼送塞鸿。

在馆期间，张尔田先后撰有《乐志》八卷、《刑法志》二卷、《地理志》江苏一卷、《图海、李之芳列传》一卷，并在吴昌绶长编草稿基础上撰成《后妃传》，除《后妃传》外，余皆为《清史稿》所采用。《清史稿》最终采用的《后妃传》则为金兆蕃所撰。《王国维未刊来往书信集》收有张尔田致观堂信札四十四通，其中第六封写道："然窃自念故国已矣，惟修史自效，庶酬万一。幸《后妃传》已告成，差足正野乘之诬。近为《刑法志》，于宣统末争新律者叠录，尤不敢苟。国可亡，史不可亡，或者稍存正义于几希，此亦穷而在下者之责也。"

张尔田所撰《后妃传》成于民国十六年（1927），两年后由平氏绿樱花馆付梓，更名为《清列朝后妃传稿》，前有张尔田自序："甲寅秋，余以庸薄，膺聘纂言，每感前修，思宏绍勒。吴君伯宛，首创长编，以草相嘱，所采官私著籍、玉牒、实录、宫史，仅数十家，并信而足征，文直事核。"

同在史馆的邑人陈敬第则在《清列朝后妃传稿序》中称："岁甲寅，清史馆开，余膺聘撰修，时吾邑张君孟劬亦以仲兄荐在馆。每食中入映而归，见君伏案矻矻，日数百言不休，间或杂以谈谑，同辈交口以雅才推之。"

负责该书校录的平毅在后记中详述吴昌绶、张尔田撰稿经过：“《后妃传稿》二卷，遁堪先生修史时所撰稿也。当时仁和吴伯宛昌绥任辑长编，先生参以考证，然后加笔削焉。归来删削者再，并仿宋王皥《唐余录》史例，博采诸家，附注下方，逾岁一周，稿始定。”

绿樱花馆主人即负责校录的平毅，为张尔田姨甥。《有关清史稿编印经过及各方意见汇编》（下）中收录有张尔田《与大公报文学副刊编者书》，第四篇为撰于民国十八年七月六日的《论清列朝后妃传稿》，文末写道：

> 凡真正具体之史，皆不以褒贬为重，即小说家如吴敬梓辈，且尚知遵守此例，惟宋人史学，妄效春秋，高谈书法，弟方恨之，而谓肯躬自蹈之耶。至若近代西洋史体，喜发议论，好下评判，不善为之，则去事实愈远，虽可取悦于一时，未必能传于永久，弟非以著述营利者，不如其已也。拙编成后，自知此二点必为当代掊击，今果然矣，虽然，立言不为一时，姑留此一段公案，写质于公，以待论定。

文末又有编者按语，谓：“去年《清史稿》出版，其中惟《乐志》八卷用张君原稿，《后妃列传》则但就君之初稿删改而成，识者病之。原稿旋经张君之姨甥山阴平毅（劬刚）君编辑成书，并出资为铅印若干部，分上下二册。”

又，《王国维未刊来往书信集》中收有蒋汝藻至王国维札，其中言及：“孟劬《后妃传》已修补完竣，有人在京为之付刊，已见

样张，系仿殿版式，颇清朗可爱，闻亦文楷斋承办也。"惜此札未
署年月，无法深究所言在京付刊之版，后事如何。

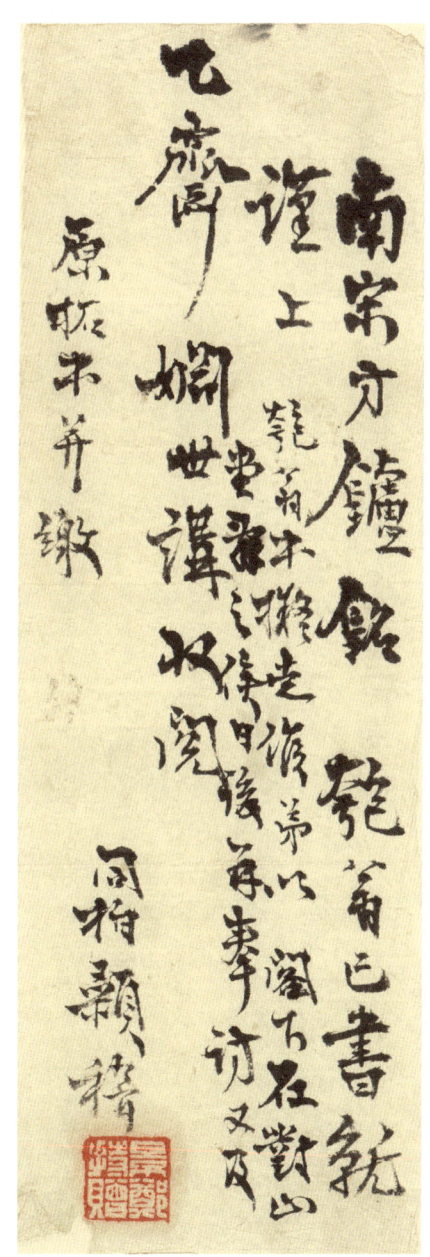

徐籀莊先生同治為清乾嘉道光間金石名家致辨金文尤精湛所著从古堂欵識

學一書出自來研佖鐘鼎之字皆有所取資焉先生為張叔未先生之婿而年長

於其舅所著从古堂欵識一稿卅年前已有印本廖藏吳蘭圻好文商全見之緣寫

一部惜其舉筆人此稿札蓋陝乙丑歲辨人未詳者未同時好金文字此札內言

釋乾嘉諸刻於海鹽張石範蘣蒙走張宕君晉石投李君著有金石與行世亦考時知考

人為此札偶涅涅麗檢好卻季 逺梅翁傳鈔帳銅瓶室平授保一全石詳保如此

逺翁償不以其孝翔而以三馬廩景郡識於滬上吳康眇寄搞 桂札歐裏

我懷籀莊翁報釋金文早从古錦編存拓載莧鵬爪

逺風雨天多少捨黙沉苔莘絲帳銅瓶好

調零些畫子 行奉

逺翁前竿排正

臨滬吳鄨昊搞

释　文

南宋《方炉铭》，匏翁①已书就，谨上
乙斋姻世讲收阅。

同柏②颡稽

原拓本并缴。

匏翁本拟走候，弟以阁下在对山堂辞之，俟日后再奉访。
又及。

　　钤：景郑持赠

题记：

　　徐籀庄先生同柏为清嘉庆、道光间金石名家，考释金文
尤精湛，所著《从古堂款识学》一书，为自来研治钟鼎文字
学者有所取资焉。先生为张叔未③先生之甥，而年长于其舅，
所著《从古堂款识》一稿卅年前已有印本，原稿藏吴湖帆姑
丈处，余曾见之，缮写工整，皆其手笔也。此短札盖致乙斋者，
乙斋何人未详，当亦同时好金石文字者。札内所称匏翁，则
为海盐张石匏燕昌④是。张室名署石鼓亭，著有《金石契》行
世，亦当时知名人物。此札偶从败簏检得，即奉逸梅翁，俾
纸帐铜瓶室中增添一金石伴侣何如。逸翁倘不以其零羽而忽
之焉。

庚申三月，潘景郑识于沪上西康路寓楼

　　我忆籀庄翁，校释金文早。从古锦编存，皕载留鸿

爪。　　短札败囊遗，风雨知多少。检点托苔芩，纸帐铜瓶好。

调寄《生查子》。并奉

逸翁前辈指正。

晚潘景郑呈稿

钤：景郑跋语、景郑倚声、庚申七四翁

小　注

① 张开福（1763—？），字质民，号石匏，晚号太华归云叟，浙江海盐人。张燕昌子。精金石考证，兼善书画，尤工写兰。喜搜访残阙，偶有所获，必手拓以返。著有《石匏小稿》《三吴古砖续录》《山樵书外记》等。

② 徐同柏（1775—1854），原名大椿，字春甫，又字寿臧，号籀庄，浙江海盐人。室名讽籀书窠。精研六书篆籀，多识古文奇字，张廷济所用印多出其手。著有《从古堂款识学》《焦山周鼎斛》《新莽泉刀二品考》等。

③ 张廷济（1768—1848），字叔未，浙江嘉兴人。嘉庆三年（1798）举人，后屡试不第，遂隐居以金石、图籍自娱，室名清仪阁，书法家，其人工诗词，精通金石考据，尤其擅长古物鉴赏。著有《清仪阁金石文字》《桂馨堂集》《清仪阁印谱》等。

④ 张燕昌（1738—1814），字芑堂，号文鱼，一作文渔，浙江海盐人。擅长书法、绘画、篆刻，尤长于金石考据之学。著有《金

石契》《芑堂印谱》《石鼓亭印谱》等。

笺　释

《嘉业府志》有徐同柏小传："世居履仁乡。性纯孝，居父澍丧，哀毁几灭性。舅氏张廷济指授六书，通篆籀，始辑《履仁乡金石文字记》《古器物铭》。与海盐张开福契交，游屐所至，凡残碑零碣，下至井栏桥柱、瓦当垄砖，摩挲考证，有《从古堂款识释文》。晚辑《竹里诗存》。"

此札末署"颡稽"。"稽颡"为古礼，谓居父母之丧时，跪拜宾客，以示极度悲痛，故此札或为徐同柏守丧期间所书，与《府志》中所称"性纯孝"相对应。同柏子徐士燕编撰《岁贡士寿臧府君年谱》于道光元年（1821）有记："是岁课弟之子人炳，再从弟之子尔炽，自后恒家居，编《古履仁乡古器物铭》，夏释《焦山周无专鼎》。七月十五日母张太孺人卒。"是年有母丧，又编有金石著述，与此札颇有暗合。

《年谱》又记："乾隆四十年乙未十二月二十日卯时，府君生。府君讳同柏，姓徐氏，字寿臧，号籀庄，自号少孺。初名大椿，字春甫，一字八千，小字憙。嘉兴县履仁乡新行里人。"卒年记载为："（咸丰）四年甲寅八十岁。……（九月）二十八日酉时，府君卒。"因知徐同柏生于乾隆四十年（1775）。张廷济生于乾隆三十三年（1768），年长徐同柏七岁，故题记称"先生为张叔未先生之甥，而年长于其舅"为潘老年高误记。

龚肇智《嘉兴明清望族疏证》中附有徐同柏家族婚姻关系图，

徐同柏父徐澍娶张氏，张氏与张廷济为堂姐弟，故同柏呼张廷济为母舅。同柏尝作《叔未舅氏招饮席间出示汉铜弩机用梅都官饮刘原父家原父怀古钱劝酒诗韵奉呈》一诗，诗云"主人我舅氏，旷观缈云烟"，又有"诸甥愧从学，识字犹未全"，诗间小注云："同柏从母舅学。"

《清代朴学大师列传》亦有徐同柏小传，谓其幼依外家张氏，就其家塾受经："继从舅氏叔未先生问学。叔未固嗜金石。又请益于毕明经星海。……初治钟鼎款识之学，尝谢生徒读书叔未清仪阁，愤发刻厉，金坛段若膺见其文，以磊砢英多目之。复丐钱竹汀书'讽籀书窠'匾，以示己志。"

此札题记中潘老误记处尚有"札内所称匏翁，则为海盐张石匏燕昌是"一句。匏翁并非张燕昌，而是燕昌之子张开福，然而室名署石鼓亭、著《金石契》者的确是张燕昌。

半蕃挺綢契仞要而不烦客詳審授誦
備放名未嘗誠然嘗別搜備
又審程泉譜多加缱綣书素克
不祚为别誠玉戢一书手书敕诲增馀
三请　致三一
仰乞先生
　　　　　　北蕃書隸屑四月二十九
有友人明拓瓦景一帧统尺观矣

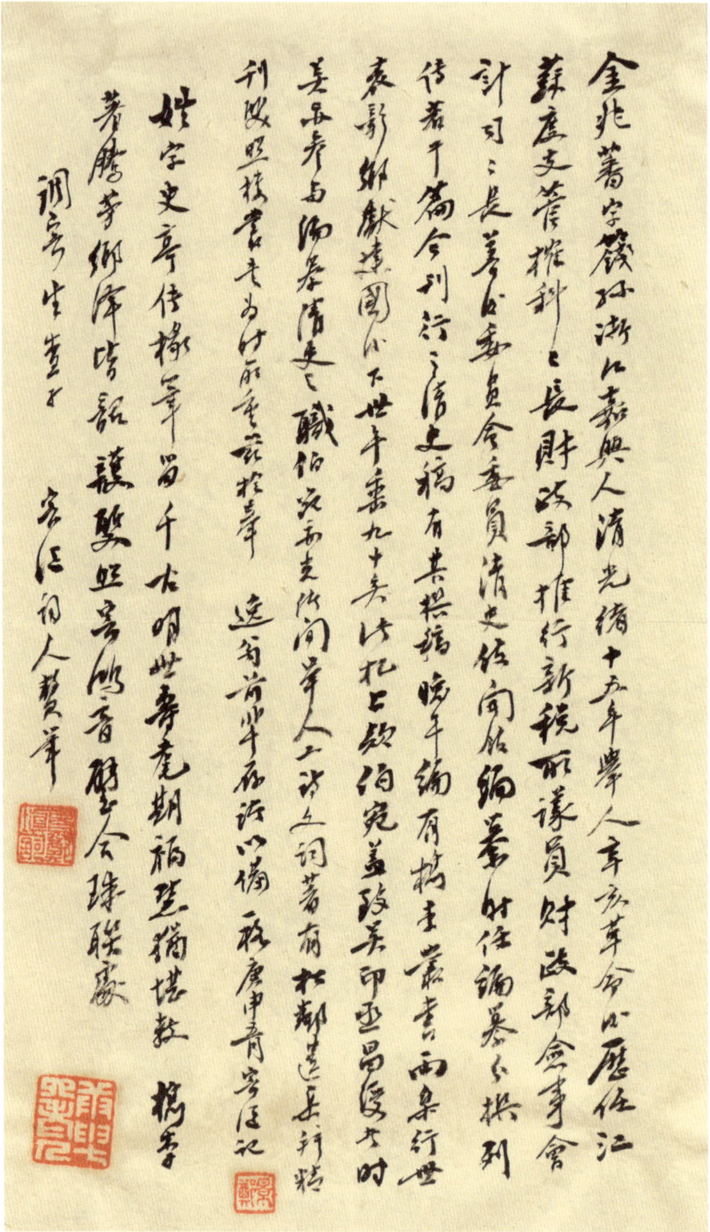

金兆蕃字籛孫浙江嘉興人清光緒十五年舉人辛亥革命以歷任江

蘇度支�999推科之長財政部推行新稅而讓員財政部僉事會

計司之長蕃皆以委員清史修國館編纂時任編纂之撰列

傳著于篇今刊行之清史稿有其撰稿晚年編有其主叢書兩集行世

表彰鄉獻遺聞以下世千壽九十歲比扎已欲伯宛美政美印並昌陵士時

姜臬考鳥泌泰清吏之職伯次而支給間舉人上詞上詞著前扎鄰造墨評將

刊政照校書老為什腐重詩校華　　遠翁苦少年居近以備一板庚申青岑注記

　妙字史亭僑樑筆當千水阳此壽先期柄琶猗塔款梅華

　　著隨樓鄉庠皆詔護懋旺岑妙香賢余珠聯敵

　　　　　調字先生之
　　　　名注詞人贄華

　　　　　［印章］
　　　　　［印章］

　　　　［印章］

释　文

尊著提纲挈领，要而不烦，容详审校读。"备考"名未当，诚然，当别拟，备公审择。泉谱略加装饰，尚未竟。公许为题识，至感。万年书敬谢，增君并请致意。

伯宛[①]先生

兆蕃[②]

四月二十九日

有友人欲得《樵风乐府》一帙，能见赐否？

钤：景郑持赠

题记：

金兆蕃字篯孙，浙江嘉兴人，清光绪十五年举人，辛亥革命后历任江苏度支管榷科科长、财政部推行新税所议员、财政部佥事、会计司司长、善后委员会委员。清史馆开馆编纂时，任编纂，分撰列传若干篇，今刊行之《清史稿》有其撰稿。晚年编有《槜李丛书》两集行世，表彰乡献。建国后下世，年垂九十矣。此札上款伯宛，盖致吴印丞昌绶者，时吴亦参与编纂清史之职。伯宛亦光绪间举人，工诗文词，著有《松邻遗集》，并精刊《双照楼丛书》，为时所重。兹检奉逸翁前辈存诸，以备一格。

庚申五月，寄沤记

姓字史亭传，椽笔留千古。明世寿耄期，福慧犹堪数。　　　　樵李著胜芳，乡泽皆韶护。双照寄鸿音，璧合珠联处。

　　调寄《生查子》。

寄沤词人赘笔

　　钤：景郑、景郑填词、庚申七四老人

小　注

① 吴昌绶（？—1924），字伯宛，一字印臣、印丞，号甘遯、松邻，浙江杭州人。光绪二十三年（1897）举人，官内阁中书，入民国后任北洋政府司法部秘书。深谙版本目录之学，藏书极富，喜刻书，室名双照楼。著有《松邻遗集》《双照楼影刊宋元明清词》《吴郡通典备稿》等。

② 金兆蕃（1869—1951），字篯孙，亦作篯荪，别号药梦，浙江嘉兴人。光绪十五年（1889）举人，官内阁中书，民国时期曾任财政部佥事、司长。博学多闻，嗜藏书。曾为徐世昌代编《晚晴簃诗汇》，著有《安乐乡人诗》《药梦词》。

笺　释

一

　　吴昌绶任陇海路局秘书时，收入尚丰，举购金石精拓及旧籍珍本时，颇不吝，又性格豪迈，喜刻书，故即便薪酬丰厚，亦有捉襟时。有女蕊圆，民国六七年间出阁时，竟无以充嫁奁，吴昌绥遂检出明刻本及旧钞四十种，做价京钞一千元求售。叶景葵闻此事，请张允亮为介，如值购之，是为叶景葵藏购善本之始。

叶景葵《卷盦书跋》有记："其时京钞甫停兑，市价八折，实费现币八百元也。某年再入京，影刊《宋元词集》已告成，初印若干部，无资续印，余约友人集款三百元了附印十部，余得二部。及先生捐馆舍，后再入京，则《松邻遗集》刊成，无人任剞劂之费，板存文楷斋，由邵伯絅同年发起，付文楷四百元，刷印五十部，余出二百元，得书二十部，余以前此京钞购书折价，正短二百，藉此以报先生也。"

《松邻遗集》为吴昌绥去世后，由友人章钰、傅增湘、邵章等人搜集遗文，交由章钰编辑，再由文楷斋付梓而成。顾廷龙为章钰藏书所撰《章氏四当斋藏书目》著录有《松邻遗集》两部，其中之一注云："（式之）先生手写本，代吴女蕊圆编，三册，有邵章校注。"然叶景葵出资刷印《松邻遗集》最终却演变成一场憾事，叶景葵《松邻遗集》跋云：

> 文楷刻成，而刻资无人担任，闲置数年，文楷甚窘。壬癸间，葵入都，伯絜告葵曰："文楷急于结账，只须付四百元，便可印刷数十部。"葵允出二百元，分得红印二十部。尔时沅叔正作峨眉之游，葵因未知伯絜未与接洽也。迨沅叔回京，甚怒文楷之专擅，不许再印。文楷乃以原版改作他用。

《松邻遗集》书版遂由此而毁，惜哉。

蕊圆所适为海宁陈家,《晚晴簃诗汇》载吴昌绶小传中称:"妇陈,女蕊圆,适海宁陈氏,并娴词翰。"惜未有词集传世。蕊圆生子后,吴昌绶感而赋诗:"灯窗日课庞灵照,诗未成篇有别才。戏拓娥碑摹好字,居然抱得外孙来。"由此诗可知吴蕊圆既有文采,兼擅书法。民国六年,董康刻《诵芬室读曲丛刊》,题签者正是吴蕊圆。

二

晚清四大词人之一郑文焯作有词集四种,分别为《瘦碧词》《冷红词》《苔雅余集》《比竹余音》,后手自删定,合为一编,名之曰《樵风乐府》,民国二年(1913)由吴昌绶双照楼付梓,是故金兆藩友人欲得郑文焯词集,且须向吴昌绶索之。

黄裳先生《来燕榭读书记》有跋《樵风乐府》郑文焯自校本,谓:"叔问自记云,此伯宛自京师所寄样本,序跋尚未附入。曾闻友人见告,昌绶一跋,叔问见之大不怿,遂致隙末。不知信否?岂其时尚未见之耶?"今检《清词序跋汇编》,郑文焯诸词集确无吴昌绶跋。

金兆藩小名彭年,他处皆未见记载。芷兰斋有金兆藩跋嘉靖本《太玄经》,全文如右:

> 光绪甲申秋冬间,先学士还里,湖州书船至,购数种,此书在焉,缺九、十两卷,以六银圆易之。后五十年始借钞补足。今书值奇昂,此书可百金,书既缺,鄙书至拙,当减值,

亦且过初值倍蓰矣。忆先学士得此书日，表兄石门陈念萱（彭寿）及余在侧，中庭种玉兰高与人齐。念萱戏言："彭年弟得学差归，此树出檐际矣。"彭年余小名也。今潢治此书竟，窗外玉兰亭亭相对，旧事俨在心目，漫记书后。癸酉冬至后四日。兆藩。

光绪四年（1878），嘉善孙福清望云仙馆尝刻《槜李遗书》，收书二十六种，皆为嘉兴先贤遗集。金兆藩堂兄金蓉镜欲继前人之业，续刻《槜李丛书》，收得五种之后，未及刊刻即归道山。金兆藩继其遗志，复收得四种，并延请张元济、沈焜、屈燨、陶元镛、陶昌善等精心校雠，陆续刊成。

叶景葵《卷盦书跋》中有《槜李丛书跋》，谓："此丛书集资刊行，颇费心力，初印无多，枣板已赠浙省图书馆。播迁时，决不能携之而去，不知沦陷中，尚能瓦全否？闻杭州得薪甚难，城内林木，及住宅地板，均为薪材。此书板环境甚危，虽新刻，亦极可珍重矣。正月初十日，景葵记。"

今索此札之幽隐，而读至卷盦是文，不免心悬悬之，遂询之浙省图书馆修复师汪帆女史，问及书版下落。经女史代为查证，得知此书版仍在其馆，现存嘉业堂藏书楼内，计有448块。以此数观之，《槜李丛书》书版基本完整，心下遂安。

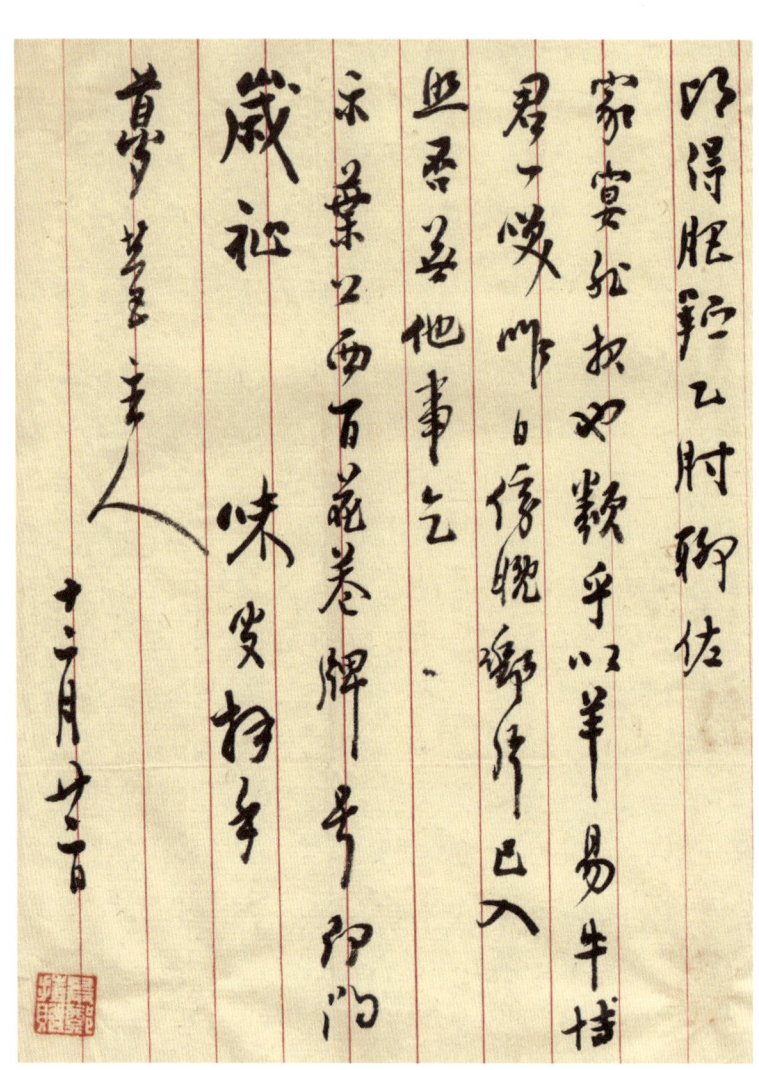

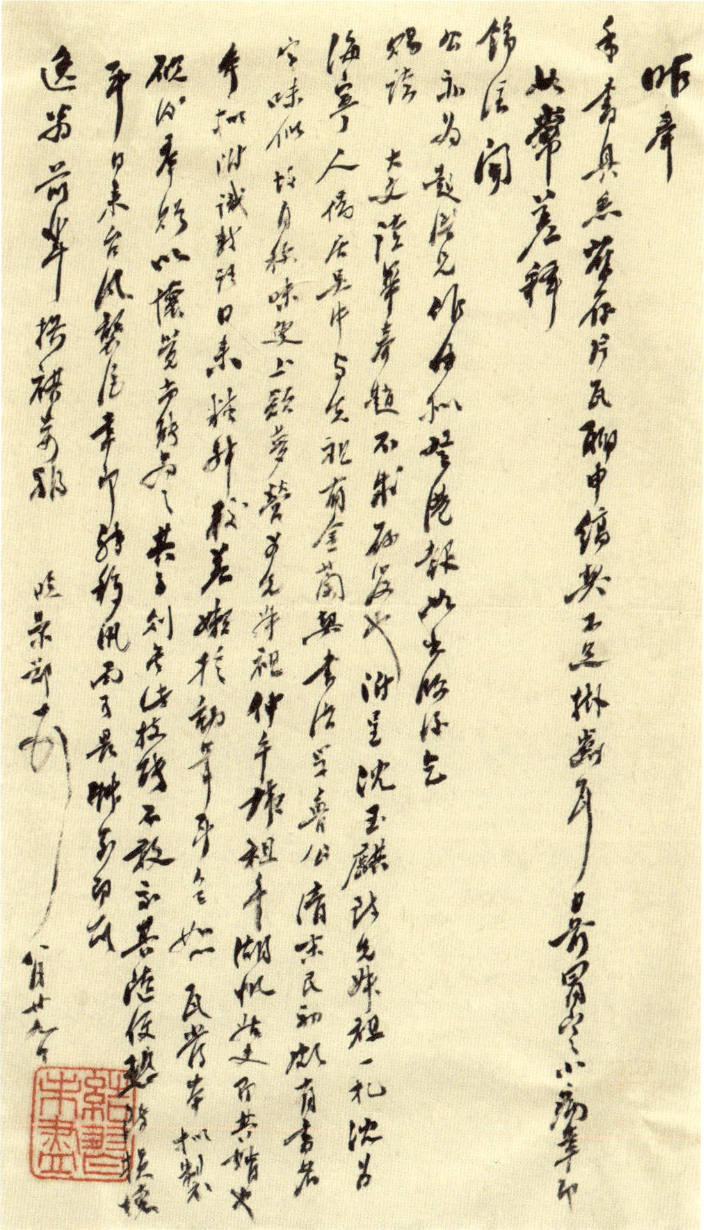

释　文

　　顷得肥羜乙肘，聊佐家宴，非报也，类乎以羊易牛，博君一笑。昨日傍晚邮片已入照否，无他事，乞示叶公西百花巷牌号，即问岁祉。

味叟①拜手

梦营主人

十二月廿二日

　　　　钤：景郑持赠

附札：

　　昨奉手书，具悉。旧存片瓦，聊申缟契，不足挂齿耳。日前冒寒小病，幸即如常，差释锦注。闻公亦为起潜②兄作传，拟登港报，如出版后，乞赐读。大文读毕奉赵，不求存笈也。附呈沈玉麒致先叔祖一札。沈为海宁人，侨居吴中，与先祖有金兰契，书法学鲁公，清末民初颇有书名，字味似，故自称味叟。上款梦营为先叔祖仲午，讳祖年，湖帆姑丈即其婿也。本拟附识数语，日来精神较差，懒于动笔耳，乞恕。瓦当本拟制砚后奉赠，以怀觉③尚能为之，其子则无此技能，不敢交其随便，恐致损坏耳。日来台风袭沪，幸即转移，汛雨可畏。草复，即颂逸翁前辈撰祺万福。

晚景郑顿首

八月廿九日

钤：结习未尽

小　注

① 沈玉麒，字旭初，号味似、味叟，浙江海宁人，寄籍吴门。沈锡华子，曾任电报局总办、苏州海关监督等职。擅书法。

② 顾廷龙（1904—1998），字起潜，号匋誃，江苏苏州人。版本目录学家，民国间任上海私立合众图书馆总干事，新中国成立后任上海图书馆馆长，曾于多间大学任教。主编有《中国丛书综录》《中国古籍善本书目》，著有《吴愙斋先生年谱》等。

③ 黄怀觉（1904—1988），江苏无锡人。早年在徵赏斋师从黄吉圆，学习金石刻画，精于拓碑裱帖，1979年从上海图书馆退休。

笺　释

　　《吴县志》载沈玉麒："为苏关督，亦侨吴，善颜柳书。"彭长卿编《名家书简百通》收有时乃风、钱振常、陈德球、余兆熊等致沈玉麒手札数通，可窥其人半面。时乃风札是详细回复沈玉麒向其请教书法事，钱振常札则感谢沈玉麒惠赠浣花笺，并点评各地所产笺纸，又由札中可知，当时往来友人多有自制笺纸，亦一时风雅。

　　潘老札中言及怀觉者，黄姓，江苏无锡人，家贫辍学，十四岁入徵赏斋学习金石刻画，出师后名气渐响，曾为张謇、瞿良士等名家刻碑。潘祖年次女潘静淑玉殒后，黄怀觉不仅为其刻墓表，又刻其遗作《千秋岁》词稿入石，吴湖帆跋语附刻于后："右为故妻潘夫人静淑《千秋岁》词手稿，作于甲戌之夏。其中'绿遍池塘草'五字，平生最自意得，而传诵一时者也。因命其所制词曰《绿草集》。今夏五月，微疾仙去，爰将此稿摹勒入石，以永其传，谅世有同感者，当不以余为过情云。"

黄怀觉1956年应聘于上海历史文献图书馆，与潘老成为同事。该馆最初为张元济、叶景葵等于民国二十八年（1939）发起成立之私人图书馆，始名合众图书馆，彼时潘老已在馆担任干事兼负责古籍编目。合众图书馆后捐献公家，改名为上海历史文献图书馆，嗣后又并入上海图书馆，黄怀觉与潘老始终在馆工作，直至退休。

郑逸梅所撰《凋零的两位绝艺老人》，其中之一即黄怀觉，历数怀觉所刻名碑及像后，又云："据闻他的死是很惨的，当三月五日，气候很冷，他为了取暖，拥了炭盆，闭了窗户，从事刻石，不料炭气中毒，失掉知觉，扑身炭火中被灼死。"黄怀觉离世，众人皆悲，陆俨少撰挽词："名与金石同寿。"刘海粟电唁："铁笔留翰墨，贞石生气韵。"施蛰存撰挽联："吉金乐石，悼失良师。"

黄怀觉之子黄稚圭克绍箕裘，今亦刻石名家，惟潘老眼高，写此札时，黄稚圭身为后辈，技艺或尚未臻，故有"无此技能"之语。

帅甫

　　辱教具悉。承令雁金冬振沉
下里期未访行
昌黎　保见河龍科掾至嘉庆拔
子拜帖一片似不可保。府居据之赠瑜志府甲午籍
林拔篇修官出以两言事行知府陵瑞志府壬丑
壬宁府科连生不佐刑部　等非商侃为主
署移之無对
　　久别荒年拨手
　　　　　　　弟京卿弟

释　文

夏庆增①命子启瑞②拜。启瑜③胞弟，鄞县。辛丑壬寅，会试分刑部。

附札：

昨奉手教，具悉。文汇金君据说下星期来访，并留影，深觉汗颜耳。检呈夏庆增率子拜帖一张，似亦可保存。庆增子启瑜光绪甲午翰林，授编修，官至江南吉安府知府。启瑞光绪辛丑、壬寅并科进士，分任刑部，似尚非庸侪焉。乞鉴存之。匆颂

逸翁前辈撰安。

晚景郑顿首

七月四日

钤：结习未尽

小　注

① 夏庆增（1832—？），字子真、芷津，浙江鄞县人。曾与邑人一起创设安养堂收容无依老人。

② 夏启瑞（1869—1930），浙江鄞县人。光绪二十九年（1903）辛丑壬寅并科进士，分发知县。工书，楷法精妙，行书流隽。

③ 夏启瑜（1866—1935），字伯瑾、同甫，浙江鄞县人。光绪二十年（1894）进士，曾任陕甘学政、江西安吉知府，宣统三

年（1911）丁忧归。晚寓上海，创办四明文献社，收集乡邦文献。善属文，工书法，以楷行书见长。

笺　释

一

夏庆增字芷津，以诸生老，亦无著述，然父以子贵，得享福寿。陆廷黻《镇亭山房文集》有《夏芷津八十寿序》，述其家事甚详："光绪癸巳正月，为老友芷津先生七十揽揆之辰，余尝为文以寿。越一岁甲午，长君启瑜成进士，入翰林，改庶吉士。又一年乙未，散馆授编修，又二年丁酉，奉特简视学甘肃，又三年辛丑，以省亲给假归里，而次君启瑞亦于今秋登乡荐，距癸巳至此凡九年矣。于是年先生已七十有九矣。"

夏庆增过世后，陆廷黻又作有《夏芷津封翁挽诗》述其早年事，其中第二首颇具《陌上桑》意趣，惟诗中罗敷换为男子耳，使君则成为富室女："君少食贫贱，又早失怙恃。李密抚祖母，杨愔依叔氏。赖兹以成立，孤童奋然起。遂掇泮宫芹，声誉闻远近。慈溪有富室，重君为端士，愿以女来归，媵之以奴婢。妆奁逾百万，甥馆饰金鸳。君谓使者言，某公意良美，惜吾有聘妻，前言犹在耳，六礼虽未成，问名固久矣。岂可背夙诺，弃之如敝屣。为我婉言辞，勿以利相市。"诗名称夏庆增为"封翁"，亦指其以子贵也。

张寿镛为夏启瑜撰《夏同甫先生家传》，亦约略述及夏庆增："夏氏先世业农，曾祖讳苍梾，祖讳祖芳，考讳庆增，工画，精堪舆，贫而乐道，孝于亲，友于兄弟，以诸生老，《浙江通志》采其行入孝友传，尤严于教子，故二子皆以科第起家。"然检《浙江通志·孝友传》，并未见载其人，《浙江续通志稿》则有夏庆增其人，入文学类。

此拜帖左侧附有会试墨卷卷首，上注"光绪辛丑壬寅恩正并科"。旧时科举每隔三年举行乡、会试，是为正科，清代于正科之外，逢朝廷庆典，如皇帝大婚、皇太后庆诞、平定叛乱等，皇上特许于正科之外再增加一次科举，是为恩科，若正科、恩科合并举行，则为恩正并科。

光绪二十六年（1900）庚子为清德宗载湉三十岁生日，朝廷以庚子科为恩科乡试，次年辛丑科为恩科会试，故庚子各省乡试皆停，并定于光绪二十八年壬寅补行庚子辛丑恩正并科乡试，光绪二十九年癸卯补行辛丑壬寅恩正并科会试。然北京贡院于庚子国难中被毁，故此次恩正并科移至开封贡院举行。夏启瑞于是次科举中得二甲第二十一名，该科状元为山东王寿彭。

二

夏启瑜与张寿镛相交颇厚，曾协助张寿镛编辑《四明经籍志》，并撰《四明经籍提要》甲集，张寿镛尝序之："《四明经籍志》初稿既成，其时方与夏同甫启瑜、忻绍如江明，组四明文献社。同甫适旅沪上，愿任《四明经籍提要》之辑，与余商定凡例，拟分甲乙丙三集。甲集为清四库所著录者，着手较易。乙集为郡县艺文经籍志所录，四库所未收，而其书今存者，编辑略难。丙集则不见于各郡县志，而今有其书者，如高似孙《史略》之类，则更难矣。于是就易者为之，先成甲集。自编辑始，三年成书，而同甫亦病矣。同甫既殁，此稿藏于余家，他日必为刊之。同甫名启瑜，甲午翰林，其仕履见余所作家传，君子人也。"

张寿镛所撰《夏同甫先生家传》开篇即述夏启瑜为撰稿事，临终前尚念念不忘，读来颇感人肺腑："吾友夏同甫易箦前五日，以书抵余曰：'吾辑《四明经籍述要稿》九册，烦致之文献社。'余惊讶趋往视之，因语君异日必为梓行，君颔之而已。而君遂卒。……以余辑《四明丛书》，每书皆作序言，君谓余书多难尽刊，曷不用《四库总目》例，提其要略，俾资参考。余大韪之。由是集乡人创四明文献社于沪渎。先以编辑《四明经籍述要》为入手，推君主编，凡清《四库》所录者为甲集，载乡志未入《四库》者为乙集，乡志未载者为丙集。二年以来，甲集粗成，皆出君手，君属致之文献社者也。"

张寿镛还撰有《夏同甫先生七十寿言》，忆及两人少年相识之事："忆己丑冬，余年十四，从傅肖岑师读，忽报客来，使者挟朱卷一束，手一帖，余趋而遇诸庭，是为相识之始，盖赋鹿鸣而来也。越五年甲午春，余随侍在燕，居隔一垣。一日闻墙外欢笑声，报捷者高呼声，于是先生宴琼林矣。"此文曾刊发于《宁波旅沪同乡会月刊》第141期，刊发时间为民国二十四年四月，同期刊发者尚有忻江明所撰《夏伯瑾太史七十生日赠言》，忻江明为夏启瑜少时同学舍友，古稀之年，尚得少年友人为写寿序，可谓幸事，然此生日过后未久，夏启瑜即人骨俱朽，松鹤清风好，先后有归期。

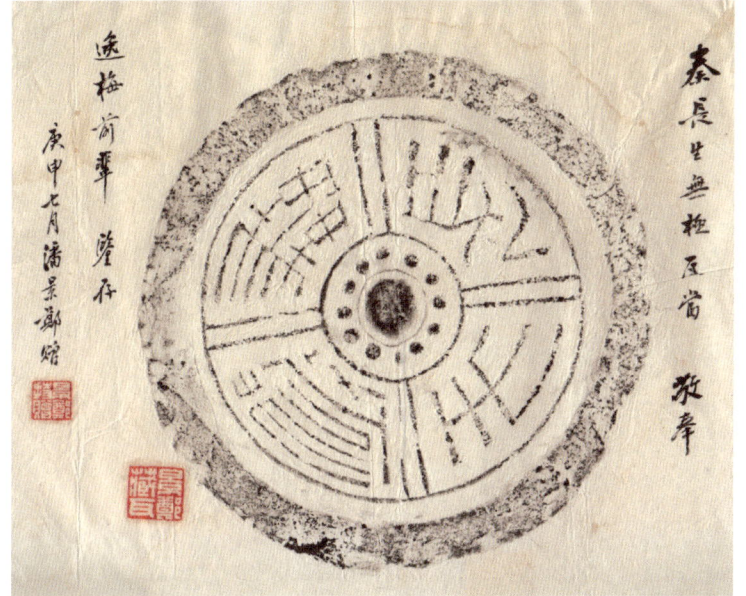

四二　秦长生无极瓦当拓片

秦长生无极屋当　敬亭

逸梅前辈鉴存

庚申七月潘景郑馆

關中為秦漢故都城闕宮殿基址而遺甎斷瓦往往有所發現

座土中清吗前藏家千為重視玉乾隆間好古之士競搜羅致訂輯為

民當文字湮沒藏家遂與金石等視鮮為著录及之顧秦民派侢

玉稱而今屋指可數以長生未极一瓦的是秦阿房宮驪宮故址自咸

陽以南濱渭而東直抵驪山北麓其廢壘院垣間土人徃~掘之囱為阿房

宮民自古疑義斯民製型瓦二~為長七寸极一瓦常生未极余卅年前訪邑

中故家授此数十事秦瓦不遇四五品濱民居多逢圆瓦以捐諸蘇南文

管會孤畱二三片完整可以製硯者損在行庋岐其一世之運~段遞失去咋歲

其鄨重逢币多此瓦於歲燼餘閒春年古歡宮宰宰昙不遺束諸書

閒依待真知筧好古得魔窖護持方比及之寧選此书 逸梅弟商榷文子

之業　翁春年頌德加冕媚古風雨心飲微諸民文長生無相表語真堪

為　翁頌禱之私謹掌以為獻　翁其許之乎善頌善禱乎爰附墨影并

貽芳容者世一柔焉時庚申六月吾家壺盦潘景鄭識於滬上寓樓

夢華阿房冷當得瓦痕鑑影搜囊世我喜歸子廑家舊物

往事頻回首　長生言語猶堪詮作伴者年映苦莘好緣

出偃一窗淨几還相迎

調寄青門引　補錄之　壺盦詞人未是艸

逸梅前輩指正

释　文

秦长生无极瓦当，敬奉

逸梅前辈鉴存。

庚申七月，潘景郑赠

　　钤：景郑藏瓦、景郑持赠

题记：

　　关中为秦汉故都，城阙宫殿基址所遗残甓断瓦，往往有所发现尘土中。清以前藏家不为重视，至乾隆间好古之士始搜集考订，辑为瓦当文字，洎后藏家遂与金石等视，并为著录及之。顾秦瓦流传至稀，即今屈指可数，此"长生无极"一瓦，的是秦阿房宫物。宫故址自咸阳以南、滨渭而东，直抵骊山北麓，其废堡堁垣间，土人往往得之，目为阿房宫瓦，自无疑义。斯瓦制型凡二，一为"长生无极"，一为"常生无极"，余卅年前从邑中故家搜得数十事，秦瓦不过四五品，汉瓦居多，建国后悉以捐诸苏南文管会，只留二三片完整可以制砚者，携在行笈，此其一也。"文运"之役，遂失去。昨岁楚弓重返，尚留此瓦于残囊烬余间，衰年古欢寥寂，零星孑遗，束诸高阁，攸待真知笃好者，得摩挲护持，为此瓦之幸运。比与逸梅翁商榷文字之业，翁耆年硕德，劬学媚古，凤所心钦。征诸瓦文"长生无极"吉语，真堪为翁颂祷之私，谨举以为献，翁其许吾为善颂善祷乎？爰附墨影并赘芜言，藉博一粲焉。

时庚申七月三日，寄沤潘景郑识于沪上寓楼

梦断阿房冷。留得瓦痕余影。搜囊卅载喜归弓，摩挲旧物，往事几回省。　　长生吉语犹堪证。作伴耆年映。苔芩好结幽侣，一窗净几还相迎。

调寄《青门引》。并录呈

逸梅前辈指正。

寄沤词人未是草

铃：著研楼、景郑题记、景郑填词、庚申七四老人

笺　释

程敦所撰《秦汉瓦当文字》乾隆五十二年（1787）刊于横渠书院，所录第二种即为长生无极瓦，谓："诸瓦文中以此为最多，出处亦不一，盖自咸阳以南，滨渭而东，直抵骊山北麓，废堡圮垣间往往得之，故土人目为阿房宫瓦。"潘老或因程敦此语，故称此瓦"的是秦阿房宫物"。

《重修莒志》卷四十九亦收录有此类瓦，题"阿房宫瓦当"："瓦径七寸五分，质细而坚，篆书。王述庵氏谓此瓦自咸阳以南，滨渭而东，直抵骊山北麓……故土人目为阿房旧物。然玩其书法圆浑古妙，似非秦人莫能为此，见时已琢背成砚矣。城阳镇孙铭收藏。"

1986年陕西省考古研究所秦汉研究室所编《新编秦汉瓦当图

录》亦收有此类瓦，却定为汉代，且注明所载瓦当为"咸阳汉元帝渭陵陵园采集，为孝元王皇后（政君）陵上建筑用瓦"。

潘老对此瓦颇为喜爱，由题记可知，当年著砚楼曾藏瓦数十事，捐赠苏南文管会时，仅留二三完整可制砚者，此其一也，"文革"期间一度失去，至1979年又意外返还。据冯其庸《〈朱屺瞻年谱〉序》所称，潘老曾赠其"长生无极"瓦当拓本，而《上海近百年诗词选》中，收录有潘老《一斛珠·题秦长生无极瓦当》："阿房千载。瓦痕几许露光彩。长生无极歌功在。余烬炎秦，前影成沧海。　　藏笈飘零经劫厄，楚弓返璧怡神外。摩挲老眼情无奈。翠墨留鸿，投付苔岑快。"惟未知此词是否即为冯其庸而作，或当时曾拓有多张，分赠数位苔岑，而瓦身则赠于郑逸梅。

前沈玉麒致潘祖年札后所附潘老写给郑逸梅的信中有称"瓦当本拟制砚后奉赠"，当即指此瓦。以秦汉砖瓦制砚，古以有之。明代王祎《汉未央宫瓦砚记》载："汉未央宫诸殿瓦，其身如半筒而覆檐际者，则其头有面外向，其面径五寸，围一尺六寸强，有四篆字，字凡六等，曰'汉并天下'、曰'长乐未央'、曰'储胥未央'、曰'长生无极'、曰'万寿无疆'、曰'永寿无疆'，面至背厚一寸弱，其背平可研墨。唐、宋以来人得之，即去其身以为砚，故俗呼'瓦头砚'也。"

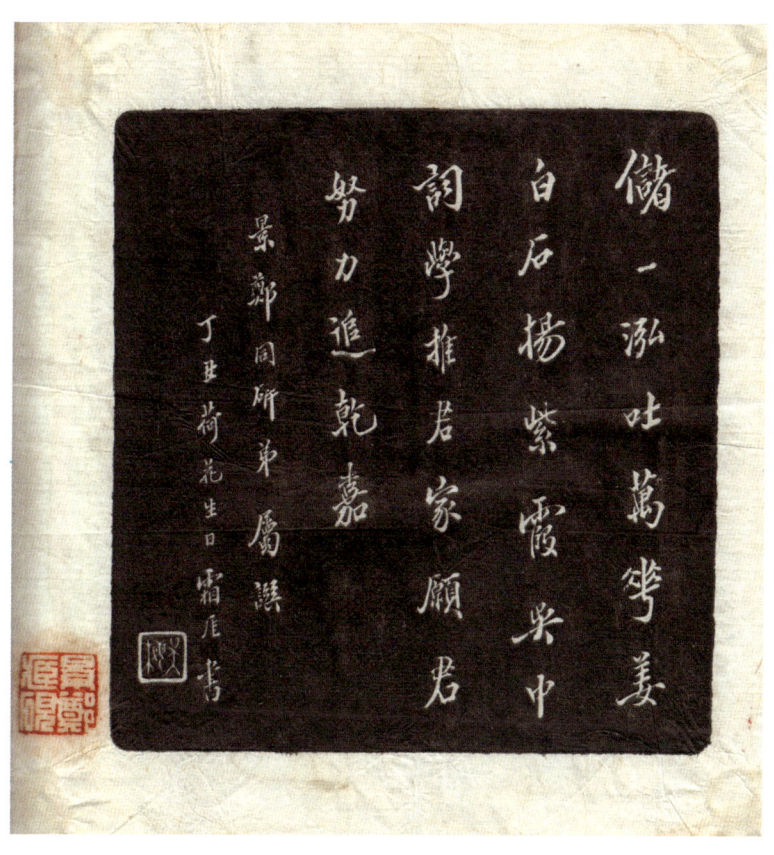

顷题诒快胜

数量新饱眼福幸甚如：芸稚奉命鑑

用砚楛一纸未知

商合尊藏比示文运五马之约以缘湊便

断政方纳客罢此鹤时偶遂拾色

真不若芸農新不彦畬選时著平

面险了此些上

逸翁老前世平○礼 临秦颖上

青十九日

释　文

储一泓，吐万华，姜白石，杨紫霞，吴中词学推君家，愿君努力追乾嘉。

景郑同研弟属撰。

丁丑荷花生日，霜厓书（钤：吴梅）

钤：景郑藏砚

附札：

顷趋谒，快聆教益，并饱眼福，幸何如之。兹检奉自录用砚拓一纸，未知适合尊藏。此亦"文运"反弓之物，以绿端溪斫成，尚能发墨也。归时偶遗拎包一只，可留尊处，并不应用，缓时当再面领可也。此上

逸翁前辈日祉。

晚景郑顿首

十一月十七日

钤：寄沤笺启

笺　释

郑逸梅《砚与石》其中一段文字专门述及此砚："潘景郑为文勤公之后人，藏砚多方。蒙以自用砚拓见贻，一为正方形，他的老师吴瞿庵（梅）作铭：'储一泓，吐万华，姜白石，杨紫霞，吴中词学推君家，愿君努力追乾嘉。景郑同砚弟属撰，丁丑荷花生

日霜厓书。'钤'吴梅'二字朱文印。"

吴中荷花生日是农历六月二十四日，据周瘦鹃文称，旧时每逢此日，画船箫鼓，纷纷集于苏州葑门外二里许荷花荡，为荷花上寿，热闹一番，然后买些荷花或莲蓬归去。此砚铭乃吴梅书于丁丑荷花生日，即民国二十六年（1937）七月三十一日。

吴梅为近代曲学大师，郑逸梅有文论及吴梅："近代治曲学的，有两大家，一王国维，一吴梅。钱基博撰《现代中国文学史》，对于两人所述甚详，且略有轩轾，谓：'曲学之兴，国维治之三年，未若吴梅之劬以毕生。国维限于元曲，未若吴梅之集其大成。国维详其历史，未若吴梅之发其条例。国维赏其文采，未若吴梅之析其声律。而论曲学者，并世要推吴梅大师。'其推重有如此。"

潘老幼从吴梅学曲，尝自言："溯自弱冠问业，忽忽十余年，抠衣奉手，获承绪论。"师生之情，由潘老所撰《霜厓词录》跋语可窥一斑："右《霜厓词录》一卷，都百三十有七首，先师瞿安吴公最后手定之稿。丁丑之难，公扶病远走鄂湘，转徙桂、滇，舟车劳顿，竟至不起，时己卯正月也。弜方客海上，闻公噩耗，骇悼震怖，急杵捣心者累日。逾数月，得公写定《词录》副本于龙君榆生所，亟为缮录，授之枣梨。人事羁绁，越岁庚辰，遂得蒇事，距公殁已一周矣。"

"丁丑之难"乃指民国二十六年七月七日的"卢沟桥事变"，此年上半年吴梅尚在南京中央大学任教，兼金陵大学教授。《霜厓词录》跋语又记："忆丁丑夏，公休沐归里，方手订词稿，日写数叶。"不料转瞬即爆发卢沟桥事变，《瞿安日记》亦由此而停写。

此砚铭即事变之后为潘老而书。是年八月，日军犯上海、苏州，吴梅开始向内地转移避难，并继续整理《霜厓词录》。

吴梅曾嘱咐潘老，欲将《霜厓词录》附于《沧海遗音集》之后，故民国二十九年（1940）潘老将此稿交由京师文楷斋付梓时，版式一依《沧海遗音集》。然未知何故，文楷斋刻成之后，潘老深觉工劣，不敢传布，三年后重又付诸墨板，是为《陟冈楼丛刊》本，牌记为"癸未秋吴县潘氏据庚辰刊本重写影印陟冈楼丛刊乙集之一"。

四四 砚铭

释 文

逸翁留念。庚申仲冬，寄沤拓赠。

　　钤：潘景郑

砚底： 似镜如月，墨润质理，聊伴衰翁，挥毫任意。戊午孟冬，寄沤自铭。

砚面： 寄沤老人小影。戊午十月，式熊署。梅村写，怀觉刻。

　　钤：景郑藏砚

笺 释

周退密《上海近代藏书纪事诗》赋潘景郑云：

　　天禄校雠藜火青，耄年曾不感劳形。劫来莫挽论斤厄，书跋犹传旧典型。

注文称："藏书之外，先生又蓄金石拓片万余，古砚五十方，遂颜其居曰著砚斋。"著砚者，北宋书法家王著所用砚，其人尝编订《淳化阁帖》，为刻帖之祖。以砚名其斋，固知其人爱砚之深，而刻己小像于砚，则可见其爱砚至极矣。

刻砚者黄怀觉，前沈玉麟致潘祖年札中已述其人，郑逸梅与之相交有年，逸梅老人所撰《刻碑名手黄怀觉》一文中，有记黄怀觉为其述刻碑工序："第一阅稿，仔细端详稿的大小、行距、结构、排列等，然后选择合适的石料，石料以洞庭山的太湖石为上品，大理石次之。先用沙石粗磨平整，继用沙皮打磨，复以细刀砖磨光，直至腻滑为止。接着，以磨浓研匀的上好墨汁，加在石上，称为上墨。待碑上的墨汁干后，即用烙铁烫上白蜡，务使均匀，再用细铲，削去厚层和多余部分，那碑墨自然黝然生光。接着把透明拷版纸，覆在原件上，用线描笔双钩。墨线双钩之后，更用银朱做红线条双钩，称为过朱。过朱下一个手续，即所谓上样了。上样就是用过朱的双钩拷版纸，平铺于上过蜡的碑石上，必须上下左右，安置妥适，用木榔头垫着羊毛毡，敲击钩本字样，那过朱的双钩红线，很清楚的落在碑石上，便进行镌刻了。"

此砚所刻虽人物，然亦属寿之贞珉，故有相通焉。砚面为潘景郑小像，右侧有高式熊篆书题"寄沤老人小景。戊午十月，式熊署"，左侧题"梅村写，怀觉刻"，砚底为砚铭："似镜如月，墨润质理，聊伴衰翁，挥毫任意。"郑逸梅《砚与石》一文尝述及此砚："景郑别有圆形二砚，一出朱梅村画像，黄怀觉刻，高式熊题'寄沤老人小影'六字。像作正面，少壮具有神采，距今已历有年数，未免白发惊人老了。"

黄怀觉刻此砚是在1978年农历十月，两月后，潘老撰《跋程警舆摹吴湖帆设色瑞莲鸳鸯图为怀觉作》："此幅为天都程警舆为吾友怀觉黄翁摹丈所绘瑞莲鸳鸯图幅，并自系《五采结同心》一词。程君亦画苑能手，画笔亦颇得梅影心法，虽属中郎，仅逊真迹一筹耳。抚对之余，不禁重增梦华之感。怀翁与丈交挚，偶见遗墨，辄为向往，今得程君摹本，犹珍袭如晤故人，死生不渝，笃旧谊如翁者真难得矣。"

四五　王欣夫致徐乃昌

積老姻文丈人賜鑒久思趨

候為課事所牽殊愧罪歉前承

諭有荛翁題跋可鈔

賜荛之敬請并千里仲魚枝巷三家

跋語一同見

惠為感　千里跋約有二百種　又元人歐陽玄辛内擬即付梓

圭齋集之外佚文必輯得不少间

縈架新得當塗縣志中有普明禪

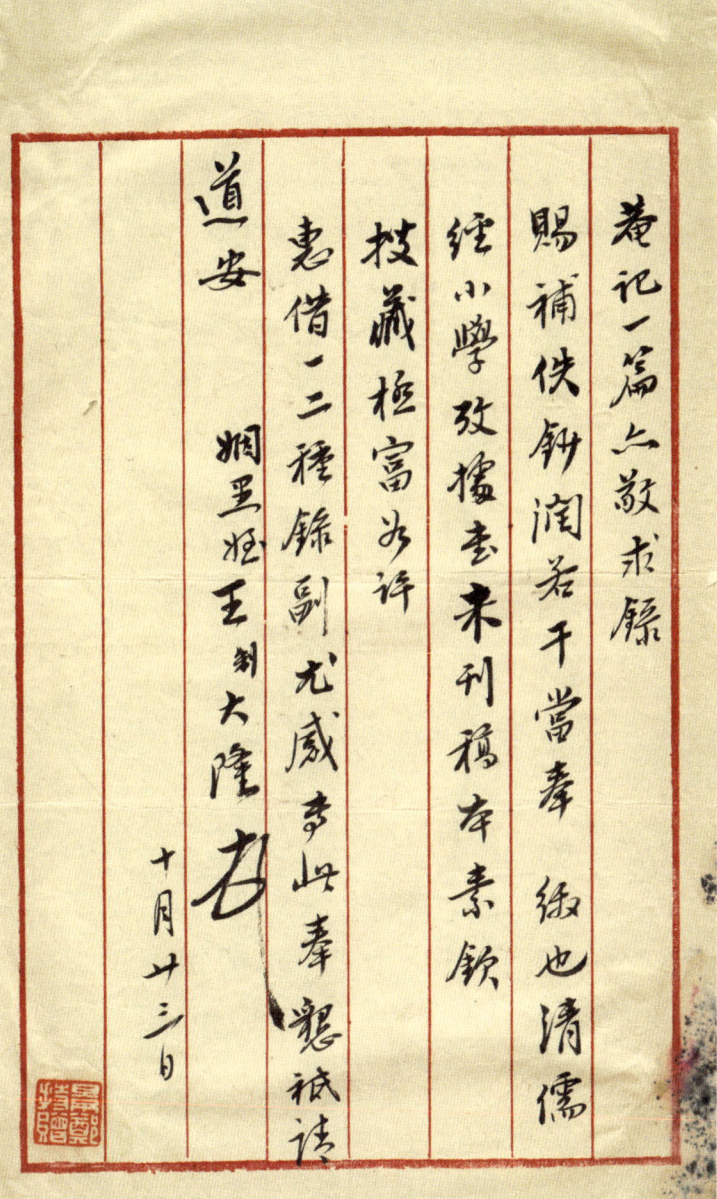

卷记一篇六散求傃

賜補佚鈔潤若干當奉　繳也清儒

經小學攷據書未刊稿本索欽

技藏極富必許

惠借二二種錄副尤感专此奉懇祗诔

道安

　　　　棡里恒　王剀大隆　　十月廿三日

释　文

积老姻丈大人赐鉴：

久思趋候，为课事所牵，殊深罪歉。前承谕，有莪翁题跋可钞赐，甚荷甚荷，敬请并千里、仲鱼、枚庵三家跋语一同见惠为感。（千里跋约得二百种，年内拟即付梓。）又元人欧阳玄《圭斋集》集外佚文亦辑得不少，闻邺架新得《当涂县志》中有《普明禅庵记》一篇，亦敬求录赐补佚。钞润若干，当奉缴也。清儒经小学考据书未刊稿本，素钦搜藏极富，如许惠借一二种录副，尤感。专此。奉恳祗请

道安。

姻愚侄王制大隆^①顿首
十月廿三日

钤：景郑持赠

小　注

① 王大隆（1901—1966），字欣夫，号补安，以字行，江苏苏州人。受业于金松岑、曹元弼，精版本、目录、校勘之学，室名二十八宿砚斋、蛾术轩，曾执教于复旦大学，著有《许庼学林》《藏书纪事诗补正》及《蛾术轩箧存善本书录》等。

笺　释

今人所见《荛圃藏书题识》实百余年来众人拾薪之结果，王

欣夫先生亦拾薪者之一。

大约在光绪二年（1876），潘祖荫搜集黄跋80篇，光绪十年，缪荃孙继潘祖荫所辑之后，又从各处抄得黄跋两百余篇，刻为《士礼居藏书题跋记》，此即初刻352篇，署名为潘祖荫辑。此后缪荃孙继续搜集，将所得录为两册，江标借去其中一册，在湖南刻成《士礼居藏书题跋续记》二卷，其中收得黄跋70余篇。因为江标借书时并不知道缪荃孙还有另一册，故缪荃孙又将江标未刊之册于民国元年以铅字排印方式刊于《古学汇刊》第一集目录类，收黄跋50篇，命名为《士礼居藏书题跋再续记》二卷。民国八年，缪荃孙复从乌程张氏、刘氏、松江韩氏、海盐张氏抄得若干，章钰、吴昌绶又补辑若干，再加上之前三次刊刻，共录得黄跋622种，编成《荛圃藏书题识》十卷，且附《荛圃刻书题识》。民国二十二年，王欣夫又辑刊《荛圃藏书题识续录》四卷，收得黄跋117种，七年后又辑刊《再续录》三卷，收书74种。而几乎同一时期，又有李文裿所辑《补录》28种，然其中多有与前人所辑相重复者。

王欣夫与黄丕烈同为苏州人，对这位乡贤极为钦慕，尝言："荛圃为赏鉴家之藏书，发自洪北江，已有定论。其鉴别精，搜罗富，每得一书，必丹黄点勘，孜孜不倦，为善本留真，以待后人之研讨，存古之功，自不可没。"

此王欣夫致徐乃昌札中即涉及商借荛圃题跋事，而其收集黄跋大约始自民国十七年（1928）年，其所作《黄荛圃先生年谱补》序中称："戊辰长夏，研经之余，以读荛圃题识为遣，见题跋为江所未见者尚夥，即江辑亦不无舛误之处，随手笺补，间加案正，得七百余条，草稿从杂，未遑铨次。今春（己巳），友人有谓宜辑录成书以问当世，于是定更体例，广搜故实，补缺正讹，并编附录。"

王欣夫对于同是乡贤的顾千里亦景仰万分，先后辑有《思适斋题跋》四卷、《思适斋集补遗》二卷，皆汇刻入《黄顾遗书》，嗣后继续网罗放失，统编为《增订思适斋集》二十卷，并自谓："余于涧薲之学，可谓尽心也已。"此札中亦言及商借千里跋语事，并称已得千里跋语约二百种，年内拟即付梓。

此札末仅署十月廿三日，未署年款，然王欣夫先生署名前有一"制"字，可知其正值守孝期间，而其父王祖询去世于光绪三十三年（1907），其时王大隆年仅六岁，故此制为守母孝。

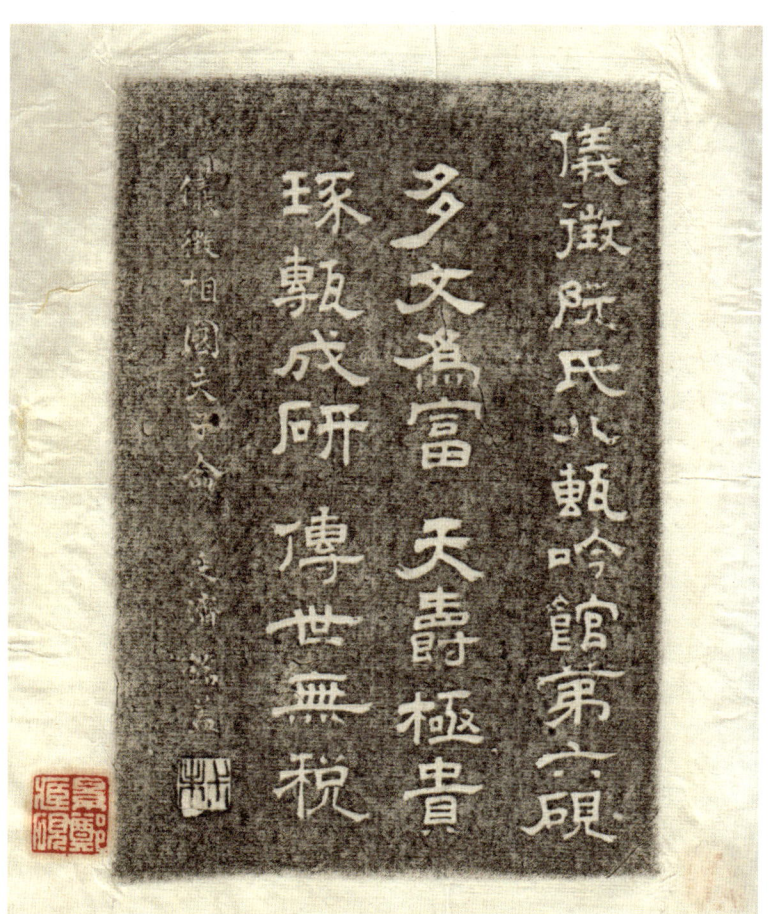

仪征阮氏八砖吟馆第六砚：多文为富，天寿极贵；琢砖成研，传世无税。

仪征相国夫子命廷济铭盖。

　　　钤：景郑藏砚

阮元素有金石之好，嘉庆七年至九年间，时与友人以家藏钟鼎彝器为题相唱和，后将唱和之作汇为《八砖吟馆刻烛集》，前有自序："元积得汉晋八砖，贮之小室，题曰八砖吟馆。诸友于三浣之暇，吟咏于此。但只刻烛一二寸，匆匆不似赋日五色者矣。名之曰《刻烛集》，犹草稿也。"

其从弟阮亨在《瀛舟笔谈》卷十二中亦谈及八砖吟馆："古砖视石易损，故流传尤少，如《水经注》所载吴宝鼎砖之外，颇不多觏。家兄在浙江时，曾集所藏八砖，自黄龙以至兴宁，极为修整，因于节署东偏别立八砖吟馆，与同人觞咏其中，迩来续得更多，又不仅于八砖矣。"

张廷济亦有汉晋八砖，并以之颜斋曰"八砖精舍"，还曾请阮元为之书匾，《吴蜀师砖赋呈阮中丞师》诗中小注称："乾隆乙卯夏四月，余于海盐濒海渔舍得汉晋古砖八。嘉庆己未夏四月，蒙师八分书'八砖精舍'匾于读书处。"

芷兰斋早岁收得张廷济楷书七言联："问字离奇尽科斗，解经宛转注虫鱼。"上款为"昔岁己未仪征阮芸台师见贻之句。道光八年戊子录于八砖精舍",下款为"叔未廷济时年六十又一"。对联内容实出董其昌《读书佳山水歌送王季重使君归山阴》,然原诗押以仄声韵,故此处上下联对置。

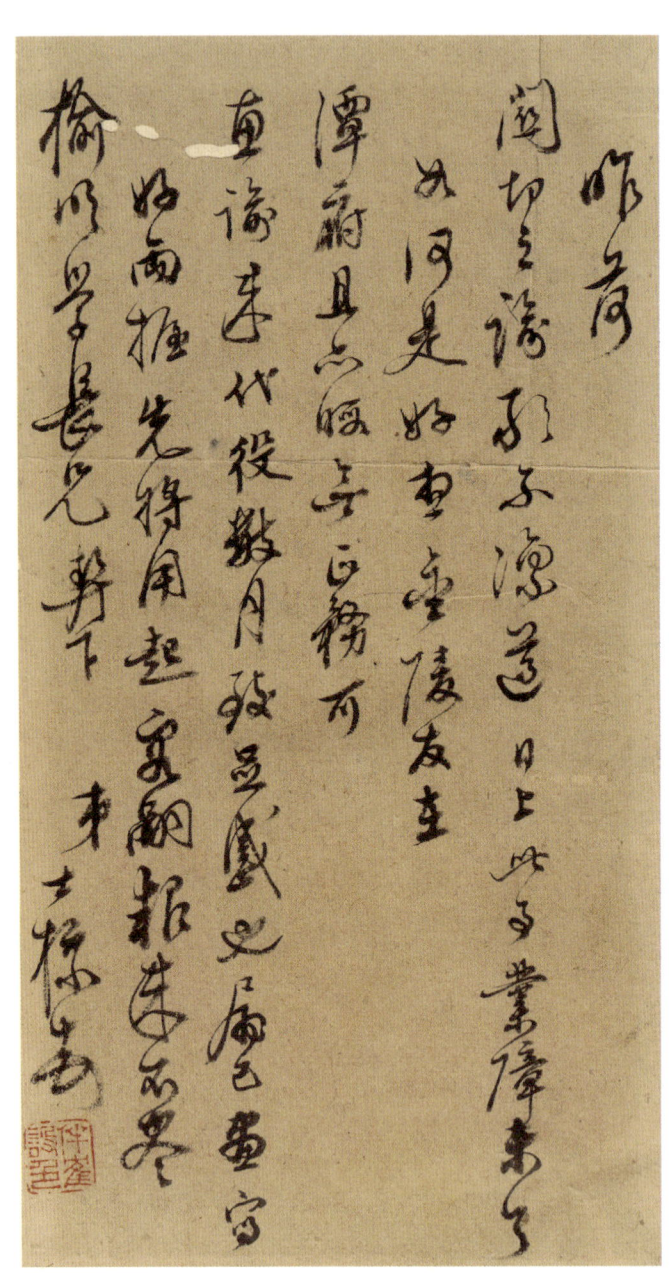

四七　查士标致榆明

释　文

　　昨荷关切之谕，敢不凛遵。日上此事，业障未了，如何是好。想金陵友在潭府，且亦暇无正务，可惠谕来代役数月，致足感也。扇已画写好两握，先将用起，容嗣报来，不尽。

榆明学长兄契下

弟士标①顿首

　　　　钤：伴鹤设色

小　注

① 查士标（1615—1698），字二瞻，号梅壑，别署懒标、懒老，安徽休宁人。明末诸生，入清后弃举子业，专事书画，与孙逸、汪之端、僧弘仁等书画家并称"新安四家"，亦称"海阳四家"。晚年笔益超逸，直窥元人堂奥。富收藏，精鉴别。传世有《种书堂遗稿》。

笺　释

　　学林出版社1989年出版之《郑逸梅收藏名人手札百通》中收有此札，芷兰斋所藏为原件。

　　查士标是清初新安画派代表人物，与同里孙逸、汪之瑞、释弘仁并称"新安四家"，亦称"海阳四家"。《嘉庆重修扬州府志》谓"家家画轴查二瞻"，可知其在扬州影响颇大。《江南通志》则谓其："书法精妙，人谓米、董再出，画亦超诣，求者填门，或终年不可得，遇困乏时，挥洒尺幅，人争购之。"

查士标对董其昌极为景仰，书法颇得董其昌精髓。董生于明嘉靖三十四年（1555），岁在乙卯，查士标生于明万历四十三年（1615），恰晚董其昌一个甲子，故特镌"后乙卯人"印章一枚，借以向前贤致意。查士标八十岁时，宋荦赋《寄查梅壑》五言诗为寿，强调查士标师承董其昌，并记镌印之事："谁擅书画场，元明两文敏。华亭得天授，笔墨绝畦畛。梅壑黄山翁，老向竹西隐。……闻君初生岁，上与华亭准。印镌后乙卯，好事供一听。"诗中小注云："梅壑与华亭同干支，尝镌一章曰后乙卯生。"

此札为素笺，未署年月，下钤"伴鹤设色"朱方，而此前未见有资料记载查士标有此闲章，或于艺坛为一小补。查士标虽不以诗名，但古来诗、书、画同源，故其人亦有颇多诗作传世，皆收录于《种书堂遗稿》三卷及《种书堂题画诗》二卷中。

查氏诗作中时见鹤影飞度，故知其于此仙禽别有情怀。如《题渐江上人画》："廿年前负天都约，此日仍看画里山。妙迹依然人不见，松间鹤梦几时还。"以及："草木易零落，松竹只青青。石间留白鹤，我欲著孤亭。"《题汪乘槎遗迹》："一去人间四十年，只同野鹤唳辽天。棱棱骨相堪图尽，大笑重来一米颠。"他如"烦与轩辕猿鹤约，八旬野老欲还家"，"高人自领悠闲趣，老鹤一声清昼长"，"扬州有鹤欲展翅，忽读诸君赠我诗"，"有鹤有鹤飞来巢，鸣者和者两相适"，"巡檐雪后梅枝瘦，绕槛风回鹤梦醒"等句。

查氏曾寓居扬州待鹤楼，想来寓居此楼，多因鹤名。

壬伯尊兄大人阁下奉小春廿三
书近今一月矣迄未复歉罪之至
尊可於漕帮困文那有谋数事而輓左近研另讬不知有成否
近来谋事俞银赫之京与懌荐一友隆二栈稿且说小差下且
可知矣西北苦饥东南糧食因之而慶明歲更不知若何局景
可虑先兄何得当晓陈此讬
弟丙叩上　廿三
大安

释　文

壬伯尊兄大人阁下：

奉小春廿三书，迄今一月矣，迟迟未复，歉罪之至。尊事于漕馆、阅文两者，谋数处而辄左。近虽另托，不知有成否。近来谋事愈艰，赫赫京函，仅荐一友；隆隆枢柄，且说小差，下此可知矣。西北苦饥，东南粮食因之而匮，明岁更不知若何局景。手此先布，余当续陈，此请

大安。

弟丁丙顿首

廿二

笺　释

《海宁州志稿》卷二十九有许仁沐小传："原名仁杰，字壬伯，礼部尚书汝霖六世孙。廪膳生。同治乙丑补辛酉、壬戌科举人。幼聪慧，稍长，随侍其父光清就读蒋氏别下斋，又得妇兄朱元炅导，治汲长学，所诣益进。杭州薛太守时雨辟东城讲舍，举有文行者肄业其中，仁沐与焉。三试礼闱报罢，援例就教职。历任分水、建德、常山。在任修《常山县志》。旋授平湖教谕。喜而赋诗，有湖山到处亦平常之句，遂自号庸斋。"又载后擢严州府教授，未赴任卒，墓在前步桥。

许仁沐父亲许光清字云堂，号心如，别署天田牧，工书篆隶，尝馆于蒋光煦别下斋多年，并为之校刊《别下斋丛书》，人皆服其精审。所著《管子校》《尔雅南昌本校勘记订补》收入蒋光煦所辑

《斠补隅录》，并刊入《涉闻梓旧》二十五种。

许光清尚著有《瓦当文类考》七卷，许仁沐得其熏染，对金石文字亦有所好，而丁丙收藏古籍珍本同时，亦喜收金石，两人三余时节或也曾探讨一番，消得浮生半日。此札内容述丁丙替许仁沐谋事不成，颇有歉意，所用笺纸图案为丁遂昌墓砖文字，原砖出土于嵊州城隍山，乃南朝故物也。图案下方有"抱甃居士摹"五字，丁丙别号颇多，据云亦曾用过"抱甃居士"，惜此番未查得原始出处，不敢肯定。

近代外交家钱恂夫人单士厘为许仁沐侄女，曾随钱恂出访日本、俄国、意大利等国，是较早接触西方文化的中国妇女之一，所著《癸卯旅行记》是中国首部女子出国游记。因为父亲在外为官，单士厘早年跟随母亲住在舅父许仁沐家，并由舅父督导学习。许仁沐去世百日后，单士厘为赋七律《江行感念舅氏许壬伯先生》，以兹怀念：

更谁屈指念行舟，卅载深慈竟莫酬。放眼湖山还似昔，惊心岁月逝如流。（舅氏捐馆已逾百日。）渭阳琼瑰惟余泪，著作琳琅姓氏留。（《景陆粹编》《人谱》《杭郡诗续辑》三辑已刊，尚有未刊者十余种。）此日舵楼增感痛，回车何必过西州。

弟昌稿郡铜人已剖各尚有六百揪匪日

祗而□□

宾故知病指外何知直隶如知有□负指□　候选

顾之不至千。加□任美□　何□出者部

兰彩□明　　　　正伤宗溶部

□彩□或一荷、　可连

徐大人

　　□知孙事□

万昌福解饷人已到否？尚有八百，拟汇上裕可否？实缺知县捐升同知、直隶州、知府、道员（候选）捐数若〔干〕？买票若干？加离任若干？（何处即有部照，何处咨部，可速。）并祈查明赐鉴，感荷感荷！

謇①顿首

徐大人

《日知录》奉缴。

钤：景郑持赠

题记：

此南通张季直致徐积余手札一通。季直以鼎甲改营商务闻名，晚清经商界知名人物也。辛亥后即拥项城，为世所诟，小醇大疵，固无论矣。惟其书法自具创格，早有尺幅兼金之重。积余当时颇与显宦周旋。予所得其遗札甚多，交游之广具见一斑。此札乃及捐选知府事，惜不详为谁筹措耳。今检奉逸翁，可当补白否。

潘景郑

长袖翩翩锦绣才。大生创业巧安排。风流韵事费疑猜。　　留得书名重片楮，漫看九录跻群侪。玷瑕剧美亦堪哀。

调寄《浣溪沙》。

己未十月十七日，寄沤呈稿

钤：己未七三翁、景郑题痕、寄沤倚声、荥阳宗老

小　注

① 张謇（1853—1926），字季直、季子，别署啬庵、啬叟、啬公，江苏南通人。光绪二十年（1894）状元，中国近代实业家、教育家。清末曾任江苏咨议局议长，南京政府成立后任实业总长，后弃官，冀以实业兴国，创办多所工厂、学校及慈善机构。

笺　释

　　万昌福是晚清民国时期江苏南通的一所钱庄，张謇创办大生纱厂时，曾与此钱庄合作。光绪二十三年（1897）《大生纱厂重订集股章程》载："一议在通州西门外唐家闸地方创建大生纱丝厂，由商集银五十万两，官购机器一副，计银五十万两，合成股本银一百万两。……凡各绅商愿入股者，一在上海新北门外本账房，一在通州万昌福钱庄，自本厂登报开办之日起，以半年为期，期满截止。"纱厂名为"大生"，取自《易经》中"天地之大德曰生"之意。

　　张謇昆仲五人，行四，与三兄张詧感情最为深厚，张謇初创大生纱厂急需帮助时，张詧仕途正好，却急流勇退，辞官归里，担任大生纱厂协理，掌管银钱帐户事务，之后又协助张謇兴办各种实业。张詧、张謇皆与徐乃昌交厚，张詧与徐乃昌还是儿女亲家，张詧四子张敬礼所娶为徐乃昌爱女徐姮。

　　《张謇日记》光绪二十三年（1897）五月五日记："聚卿、积余、若生招同缪小山、谭复生、杨仁山、郑太夷、邓熙止、顾石

公观水嬉秦淮。"此为日记中首次出现徐乃昌名字,然此次聚会并非二人首次见面,是日张謇有诗作:"去年独向润州回,高会重逢此日开。"说明此前两人已经见过。张謇年长徐乃昌十五岁,是年张謇四十四岁,已中状元三年,而徐乃昌仅二十九岁,宦名未显。然是日聚会者中,刘世珩为徐乃昌内弟,喜藏书刻书,缪荃孙与他们虽无姻亲,亦喜藏书刻书,徐乃昌更是藏书刻书之大家,此札末尾又有"《日知录》奉缴"五字,乃是张謇向徐乃昌归还借书,而缪荃孙《艺风老人日记》是年所载,多有徐乃昌购书、赠书之事,可见此日聚会实是书友之聚会。

潘老倚声中"风流韵事费疑猜",指张謇与沈寿事。沈寿乃刺绣大师,原名沈雪芝,苏州人氏,因所绣深得慈禧赞赏,亲书"福""寿"二字赐下,故更名"沈寿",晚署雪宦。民国三年(1914),张謇在南通创办女红传习所,聘沈寿任所长兼教习,又由沈寿口授、张謇笔录成《雪宦绣谱》。两人惺惺相惜,当时即有情事相传。《民国人物小传》载,沈寿夫余觉愤而撰《余觉沈寿夫妇痛史》印行,又于门首书联:"佛云不可说不可说,子曰如之何如之何。"张謇为息事宁人,为余觉置妾置业,所费不菲。

沈寿去世后,张謇作《题雪宦像诗》,诉尽心事:

　　春早寻花自有人,好花无赖悴青春。老夫只觉花应惜,特趁飘风荐锦茵。

　　犹是丰容副盛鬒,匆匆电影十三年。当时何故不相识,识得而今倍惘然。

后　记

　　2009年，嘉德公司古籍善本专场上拍了一件特殊的拍品，即潘景郑所藏清人手札，潘老还为每通书札写了题记。我原本就有收集藏书家手札之好，没想到潘老先生也有这样的偏爱，故极欲得到此项拍品。记得此拍品排在整场拍卖的第一号，起拍价极低，然而现场竞争颇为激烈，我最后以高于底价的三十倍成交，虽然惨胜到手，但颇为喜爱，而后特意请人为其做了函套。

　　2013年，我因意外受伤住院，在病床上辗转反侧，故以点校该手札打发时光。点校完毕后，请艾俊川先生帮我做了校对。后经中华书局编辑李世文之介，得以见到俞国林先生，俞先生对此稿颇有兴趣。而后人事倥偬，我来不及细校该稿，一拖就是五年，至近期方重新整理一过，再次呈给俞国林先生。而俞先生特意请该社编辑李碧玉女史细校该稿，经其核对，指出文稿中不少误处。

　　手札点校是我之短板，而此书又是我第一次尝试点校，错误之处在所难免，故本书的出版乃是为了敬请大方教我，让我在今后的点校中能有所进步。

　　在此郑重感谢艾俊川先生、俞国林先生及李碧玉女史为此书所付出的辛劳。

2019年7月上浣，韦力